新版 雅俗文

化書系 樸初題

礼者，敬人也，人道之极也；
仪者，行势也，处事之表也；
礼仪者，敬之内，而仪于外也。
盖中国之大，行有规，为有范，遵礼仪也；
五千年之久，言有承，史有继，推礼仪也。
今之习礼，日久成仪，乃行为之需，为人必备也。
礼仪者，规范行为，练达人情，提高修养，滋润心灵，涵养性情；
尤中华礼之精华，观之妙趣横生，研之津津有味，遵之受益匪浅，习之享用终生。

礼仪文化

新版 雅俗文化书系

单铭磊 编著

中国经济出版社
CHINA ECONOMIC PUBLISHING HOUSE
·北京·

图书在版编目（CIP）数据

礼仪文化/单铭磊编著
北京：中国经济出版社，2014.3
（新版"雅俗文化书系"）
ISBN 978－7－5136－2875－4

Ⅰ.①礼… Ⅱ.①单… Ⅲ.①礼仪—文化—中国—通俗读物
Ⅳ.①K892.26－49

中国版本图书馆CIP数据核字（2013）第258382号

责任编辑	涂　晟
责任审读	贺　静
责任印制	马小宾
封面设计	任燕飞装帧设计工作室

出版发行	中国经济出版社
印 刷 者	北京市媛明印刷厂
经 销 者	各地新华书店
开　　本	880mm×1230mm　1/32
印　　张	7.25
字　　数	175千字
版　　次	2014年3月第1版
印　　次	2014年3月第1次
书　　号	ISBN 978－7－5136－2875－4/G·2134
定　　价	28.00元

中国经济出版社 网址 www.economyph.com 社址 北京市西城区百万庄北街3号 邮编 100037
本版图书如存在印装质量问题，请与本社发行中心联系调换（联系电话：010－68319116）

版权所有　盗版必究 （举报电话：010－68359418　010－68319282）
国家版权局反盗版举报中心 （举报电话：12390）　服务热线：010－68344225　88386794

编 委 页

题　　字： 赵朴初
名誉顾问： 季羡林
主　　编： 单铭磊
编　　委： 单铭磊　徐子毅　崔姜薇　涂　晟
　　　　　　 金　珠　葛　晶　张　博　宋庆万
　　　　　　 张　薇　陈　瑜　陆　朋　张　燕
　　　　　　 李海涛　徐　明

季羡林序
（第一版"雅俗文化书系"序）

在中国，在文学艺术，包括音乐、绘画、书法、舞蹈、歌唱等等方面，甚至在衣、食、住、行，园林布置，居室装修，言谈举止，应对进退等方面，都有所谓雅俗之分。

什么叫"雅"？什么叫"俗"？大家一听就明白，但可惜的是，一问就糊涂。用简明扼要的语句，来说明二者的差别，还真不容易。我想借用当今国际上流行的模糊学的概念说，雅俗之间的界限是十分模糊的，往往是你中有我，我中有你，决非楚河汉界，畛域分明。

说雅说俗，好像隐含着一种评价。雅，好像高一等的，所谓"阳春白雪"者就是。俗，好像是低一等的，所谓"下里巴人"者就是。然而高一等的"国中属而和者不过数十人"，而低一等的"国中属而和者数千人"。究竟是谁高谁低呢？评价用什么来做标准呢？

目前,我国的文学界和艺术界正在起劲地张扬严肃文学和严肃音乐与歌唱,而对它们的对立面俗文学和流行音乐与歌唱则不免有点贬意。这种努力是未可厚非的,是有其意义的。俗文学和流行的音乐与歌唱中确实有一些内容不健康的东西。但是其中也确实有一些能对读者和听众提供美的享受的东西,不能一笔抹杀,一棍子打死。

我个人认为,不管是严肃的文学和音乐歌唱,还是俗文学和流行音乐与歌唱,所谓雅与俗都只是手段,而不是目的。其目的只能是:能在美的享受中,在潜移默化中,提高人们的精神境界,净化人们的心灵,健全人们的心理素质,促使人们向前看,向上看,向未来看,让人们热爱祖国,热爱社会主义,热爱人类,愿意为实现人类的大同之域的理想而尽上自己的力量。

我想,我们这一套书系的目的就是这样,故乐而为之序。

季羡林

1994 年 6 月 22 日

新版 雅俗文化书系
礼仪文化

目 录

季羡林序(第一版"雅俗文化书系"序)

前言　"礼"其实是种境界

第一章　不学礼,无以立
　第一节　结识"礼仪"　4
　　　　　"礼"的界定/"仪"的界定/"礼仪"的界定
　第二节　认识"礼仪"　8
　　　　　礼仪的特点/礼仪的功能

第二章　礼之源,天地始
　第一节　天经地义的礼　15
　第二节　从神到人的礼　17
　第三节　龙凤天子的礼　19
　　　　　凤凰/龙
　第四节　纹身与岩画的礼　22
　第五节　巫术与占术的礼　24
　　　　　巫术/占卜
　第六节　仓颉造字与周公制礼　28
　第七节　《周礼》、《仪礼》与《礼记》　30
　第八节　孔子"从周"与"克己复礼"　34

第九节　人性善恶之礼　35
第十节　雅乐歌舞之礼　37
第十一节　冠冕章服之礼　42

第三章　古之礼,承千载

第一节　一统千年的儒家礼　51
春秋战国:儒家的形成奠定了古代礼教基础/秦汉:儒家学说为主导的封建礼教建立/宋朝:理学体系形成,儒学礼教复兴/明清:家庭礼制完善,封建礼教衰微

第二节　魅力独特的礼　68
尊老尚齿/礼尚中庸——适度的礼/容仪有整——外表的礼/礼有等差——不同的礼

第三节　异彩纷呈的礼　81
祝祈福祥之斗——吉礼/礼乐相和——射礼/待客之礼——宾礼/行兵杖之礼——军礼/为人立世之礼——伦常之礼

第四章　传统礼,伴一生

第一节　生命开端——诞辰礼　113
出生礼/三朝礼/满月礼/挪脦窝/百日礼/周岁礼

第二节　长大成人——成人礼　120
冠礼

第三节　合卺而饮——婚嫁礼　123
婚礼议程/舅姑之礼

第四节　礼俗相交——社交礼　130
相见以礼/迎客/站有站相,坐有坐相/称谓/座次/会客

第五节　尊敬师长——教育礼　138
古代师生礼仪/私塾礼仪/拜师收徒礼

第六节 　慎终追远——丧葬礼　144
　　　　丧葬礼的程序/说五服/守制与夺情/我国古代各
　　　　个时期的丧葬礼仪

第五章　民俗礼，具情趣

第一节 　骨子里的颜色——礼尚红、黄　163
　　　　大吉大利的红色/高贵的黄
第二节 　洞房里的故事——礼尚吉祥　168
　　　　拜天地/新郎新娘入洞房的由来/闹洞房的来由
　　　　和讲究/交杯酒与结发夫妻/洞房验贞
第三节 　过年节的风俗——礼尚团圆　178
　　　　祭灶/扫尘/贴春联和门神/贴年画/贴福字/除夕
　　　　夜/春节拜年和送礼/闹元宵
第四节 　餐桌上的讲究——礼尚规矩　202
　　　　饭前礼/饭中的礼/古代宴席上的礼仪
第五节 　婚嫁中的典故——礼尚姻缘　210
　　　　婚龄/婚姻途径/多妻和重婚/绝婚与改嫁改娶

前言 "礼"其实是种境界

"礼"是一门艺术,是我们在社会生活中的一种必然行为,因为我们几乎所有的行为都与别人有着千丝万缕的关联,自然"礼"也就成为每天生活中的重要内容。工作中我们要与领导、同事、客户相处,生活中我们要与家人、朋友、陌生人相处,谁都无法躲开这种行为艺术而成为孤立的个体。

那么"礼"就成了一门学问,不管你有多高的文化、多大的本事,如果不懂得与人和谐相处,也必定是一个失败的人。懂得与人相处的艺术,就会营造出和谐、快乐的氛围,不仅愉悦自己、愉悦对方,还会得到别人的尊重与友善,同时还获得了帮助。反之,尽管人善良、动机也纯正,却处处不讨人喜欢,关系一团糟,搞得乌烟瘴气,不但郁闷还会难以有所作为,不利于工作的开展与进行,更谈不上快乐与成功了,这就是孔子说的"不学礼,无以立"。

要想在不同的场合得体的"有礼",就不仅仅要知礼懂礼,还要恰当地运用它,让其自然而然流露出来,这就要有良好的心态,良好的心态是与人和谐相处的重要基础。由此说来,"礼"就成了一种境界。

中国人自古就在追求这种境界,自远古时期就将"礼"置于天经地义的高度,《礼记》中有"道德仁义,非礼不成"的论述,这时已将"礼"定位为社会普世价值观基础的位置,秦汉时期则将崇尚礼教的儒学作为治国、治家的理论源泉,到明清时期其理论不断发展,直至与西方"礼"文化发生冲突、交融、演变。

无论哪个时期中华"礼"文化都散发出独特的魅力,细细品味别有情趣,无论春秋、秦汉还是明清都让人感到中华礼的真正内涵并不仅在于表面的一个形象,抑或一个简单礼节,或是礼貌的话语。"礼"是蕴含在这些林林总总中的意境,就像孔子所说"礼云礼云,玉帛云乎哉?乐云乐云,钟鼓云乎哉?""礼"的最高的境界永远是来自于内心深厚的修养,只有不断地提升和修炼自己,才能达到"礼"的境界。

第一章

不学礼,无以立

第一章 不学礼，无以立

《论语·季氏篇第十六》中有个关于孔子和他儿子孔鲤的故事，说有一天孔子站在庭院里，他的儿子孔鲤"趋而过庭"。什么叫"趋"呢？"趋"就是小步快走，是表示恭敬的动作，在上级面前、在长辈面前你走路要"趋"，低着头，很快很快地这样走过去，这叫"趋"。那么孔鲤看见父亲孔子站在庭院里面，于是低着头"趋"，孔子说："站住，学诗了吗？"

"没有。"

"不学诗何以言（你不学诗你怎么会说话）？"

"是。"

"退而学诗。"

又一天，孔子又站在庭院里，孔鲤又"趋而过庭"，孔子说："站住，学礼了吗？"

"还没有"。

"不学礼何以立（不学礼你怎么做人）？"

"是。"

"退而学礼。"

那么，礼是什么呢？

◎教子图

第一节 结识"礼仪"

❧ "礼"的界定

在古汉字中,礼写成"禮"。右边部首的"豊"是由祭祀的器物与祭品构成的;左边部首的"示"表示神灵。在汉字中,带"示"的偏旁,就是与神灵密切相关的。例如"祭"、"祀"、"神"、"社"等,都是与礼制密切相关的。

据许慎《说文解字》中说:"礼,履也。所以事神致福也。"这说明,礼的最初含义是供神的仪式,或者说,礼起源于祭祀神灵以求致福的活动。

◎ 古汉字的"禮"

后来,礼尤指为表示敬意或隆重举行的祈福求福活动。发展到现代,礼主要是指人与人之间、人与社会集体之间、社会集体与社会集体之间表示互相尊重、敬意、友善和情感的行为规范和仪式程序等的总和,是礼貌、礼节等的统一体。

礼貌是礼的重要表现。通常表现为两个方面,即礼貌行为和礼貌语言。它要求人们在与人交往时应注意自己的仪容、仪态,力求做到仪容整洁、自然,仪表合宜、大方,仪态得体、适中;要求使用文明语言,如:"您"、"请"、"指教"等用语,说话和气,不讲脏话,声音大小适中。

礼貌一词最先出于《孟子·告子下》。陈子问孟子:"古之君子何如则仕?"孟子答道:"所就三,所去三。"孟子在此讲的是君子关于做官的去就之道。说国君来迎接你,能尽恭敬之心,又有礼貌,言行一致,则可以去做官了。如果国君对你的礼貌虽然还与从前一样尚未衰薄,但其言行不一致,就不能做官了。

其次,虽然国君言行不一致,但还是能来迎接你,能尽恭敬之心,对你有礼貌,还可以去做官。如果礼貌衰薄了,那你就不能做官了。

最差的,是你早晚都没有东西吃,饿得不能走出自己的住屋,国君知道了,便说:"我大者不能实行他的学说,又不听从他的言论,使他在我国土上饿着肚皮,我引以为耻辱。"于是国君救济你,这也可以接受,只是免于死亡罢了。

孟子在这里已经表达了礼貌的基本意思,即待人时友好、恭敬的面色及其举止。

礼节是礼貌的具体表现形式,是指人们在交际过程和日常生活中,相互表示尊重、友好、祝愿、慰问以及给予必要的协助与照料的

◎ 礼贤图

惯用形式。它是礼貌在言语、行为、仪态等方面更为具体而明确的规定和节度,是社会交往习俗和行为文明的重要组成部分。《礼记·儒行》中说:"礼节者,仁之貌也。"即"仁儒之外貌"。

在世界范围内,礼节有共性,更有特殊性,不同的民族都有自己的礼节。如中国古代的作揖、跪拜,南亚诸国的双手合十,欧美国家的拥抱、亲吻等,都是不同国家礼节的表现形式。从形式上看,礼节往往具有约定俗成或严格规定的程序仪式;从内容上看,它反映着一定道德原则和规范的要求,反映着人们对自己、他人和社会共同体的尊重、敬意和友善。

"仪"的界定

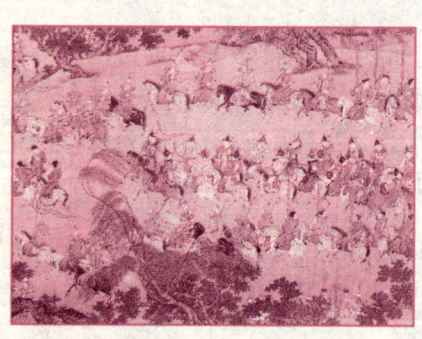

◎ 狩猎仪仗图

《荀子·君道》指出:"君者仪也,仪正而景正。"即人君好比竖立的木柱,只有木柱正影子才会正。仪,本义指竖立的木柱,引申为姿容、容貌、外表,意指表率、标准、准则,概括地说是指仪表、仪态、仪容、仪式和仪则等。

在我国,"仪"的概念在奴隶社会向封建社会转型的春秋时期才提到,意即仪式、仪文。到了封建社会,"仪"又具有了容貌和外表、仪式和礼节、区分尊卑的准则和法度等含义,延至今日,"仪"作为人际交往中相互表示尊重、友好的具体形式,主要包括仪表、仪容、仪态、仪式和礼仪器物。

仪式则是礼的秩序形式,即为表示敬意或表示隆重而在一定场合举行的、具有专门程序的规范化的活动,如迎宾及商务活动中的签字仪式等。

◎ 祭祀先农仪式

礼仪器物是指为表达敬意,寄托情意的一些物品,例如哈达、锦旗、奖杯、纪念勋章等。

"礼仪"的界定

礼仪含义较为广泛,人们对之也有多种界定。有人认为礼仪是待人接物的准则。我国著名历史学家范文澜在《辞经概论》中认为:"礼仪合言,皆名为礼,分言之则礼为体,仪为履。"即礼是仪的根本,仪是礼的功用。

中国历史上最早将礼与仪当作一个词来使用,始见于《诗经·小雅·楚茨》:"为宾为客,献酬交错,礼仪卒度。"此处礼仪指宾客之间献酬交错的应对之道。《周礼·春官·肆师》说:"凡国之事,以佐宗伯。"此处礼仪指典章制度。

在社会实践中,礼仪往往首先表现为一些不成文的风俗、习惯、规矩和传统方式,然后才逐渐上升为人们所共同认可的,可以用语言、文字、动作进行准确描述和规定的行为准则,并成为人们有章可循、可以自觉学习和遵守的规范或程序。

第二节 认识"礼仪"

🐚 礼仪的特点

俗话说,"百里不同风,千里不同俗。"不同的文化背景产生不同的礼仪文化,不同地域文化决定着礼仪的不同内容和形式。如在数字的喜好和忌讳上,中国人喜欢的数字"8",东南亚国家却不喜欢;中国人认为很普通的数字"13",西方人却忌讳。因此,社交活动中对交往对象的风俗习惯要了解、尊重,交往活动才能顺利进行。

在礼的发展的源流中,礼仪文化的发展是一个重要内容,也是一个扬弃的过程,又是一个剔除糟粕、继承精华的过程。

也正因为如此,礼仪才具有继承性和连续性。一方面,礼仪文化的形式会发生变化;另一方面,传统礼仪被赋予许多新鲜的内容。礼仪规范的这种发展性总是与时代精神密切地结合在一起,随着时代的不断进步,人类的礼仪规范必将更加文明、优雅、实用。

礼绝对不仅仅只是一种仪式或外在的形式,正如孔子所言:"礼云礼云,玉帛云乎哉?"礼就其本质而言,是人们对遵守道德的自觉意识。如果没有发自内心的道德意识，人们就不能遵守礼的要求。因此，礼仪既是人们在交往活动中相互问候、致意、祝愿、慰问以及相互必要的协助和照料的惯用形式，是约定俗成的一种行为习惯，又是一种具有内在道德理性和道德情感的伦理精神和价值观念，表达着对人的尊重、敬意、关心与友善的情感。

道德是礼仪的基础，礼仪则是道德要求的具体表现形式，是为人处世的行为规范和准则。在人际交往中，讲道德就必须讲礼仪，而讲礼仪又反过来有助于讲道德。只讲道德，不讲礼仪是嘴上文明；只讲礼仪，不讲道德是形式主义。

我们的古人就是以"礼"为立人的基础，处处以"礼"行事。这种例子很多，比如明代文学家中有"三袁"之称的袁宗道、袁宏道、袁中道袁氏三兄弟，他们年轻时一次因疏忽而造成的失礼被当作一件很严肃的事情处理，可见古人对"礼"的重视程度。

袁氏兄弟三人都考取了进士的那年，好消息轰动了乡里。为此，袁家准备设宴邀请亲朋师友，庆贺一番。按照常规的礼节，三人的老师应该被邀请，还要安排坐在首席。其中有一位是袁中道小时候的私塾老师，袁中道曾经在他的门下读书，但不久就转学了，所以大家对这位先生没有什么印象，在发请帖的时候就忘了发给他。

刘福锦本想赶来庆贺的，左等右等没有见到请帖，就确定是袁家忘了他，很不高兴。这时，周围的一些人看到这情况，就故意乘机挖苦他，使他越发不高兴

◎ 兄弟请师图

了。晚上,他就拿出一张白纸,在上面写下一句诗:"高塔入云有一层。"装在一个信封里,签上"启蒙老师"几个大字,派人送到了袁家。

袁中道接到来信,打开一看,恍然想起不该忘记自己的启蒙老师,连忙对来人说:"学生失敬了,学生失敬了,请转告先生,定当请罪!"等送信人走后,他立即请来两个哥哥商量。三人一致决定再专门设宴恭请刘福锦,并准备邀请所有的长辈师长来作陪。

到了酒宴那天的早晨,袁中道拿出纸笔,接着刘福锦的那一句话续写了这样一首诗:"高塔入云有一层,孔明不能自通神。一日为师终身父,谨请先生谅晚生。"将诗作为请帖,自己亲自到刘福锦家去请他。

可老先生气还未消,好说歹说就是不肯上轿。袁宗道和袁宏道两兄弟在家里等不到人,忙派人打听,原来是刘福锦还在生气,两兄弟连忙赶到刘家,三人一起诚恳地道歉,这才感动了刘福锦,原谅袁中道的疏忽,坐着轿子到袁家赴宴。

这个故事在今天看起来有些小题大做,可是在当时人们觉得这是一件大事。因为人们觉得为人以礼是基本的行为规范,如果违背了这一点便很难在社会上立足。

故事一代代流传下来,告诉人们无论什么时代,礼敬的规范应当永远坚持下去。

礼仪的功能

古代礼仪的功能与现代礼仪的功能有所不同,古代礼仪强调等级,现代礼仪注重平等;古代礼仪与法相结合,现代礼仪乃自我约束;古代礼仪功能无限,现代礼仪重在交际。

在人际交往中,人们通过礼仪沟通彼此,互相了解,密切和升华情感,实现人际之间信息的共享和情感的互流,使人的社会生活丰富多彩。

礼仪崇尚投桃报李、有来有往,而这本身即是一种沟通。人作为有理性的社会存在物,自会懂得"**爱人者,人恒爱之;敬人者,人恒敬之**"的道理,自会在人际交往中产生共振、共鸣的心理现象,导致以心换心、心心相印的沟通效应。

如果人们能自觉地按照礼仪的要求去行为,就将受到赞许和肯定;反之则将受到谴责和抨击。

中国历代帝王推崇"**以孝治天下**",目的是通过提倡尊老尚齿的风气来达到治国,在日常生活中和国家制度中处处体现尊老敬老优老的思想,以礼仪的形式得以渗透、传承与发扬。如

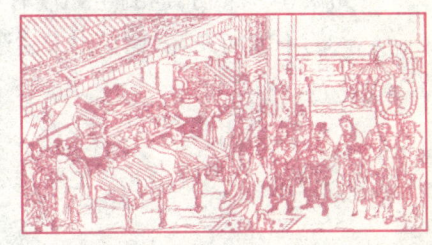

◎ 祭祀图中长幼有序

州长在每年春、秋季节举行的乡饮酒礼和党正在每年十二月大蜡祭时举行的乡饮酒礼等,都是以尊老尚齿为宗旨的礼仪,对百姓起到了很好的教化作用。

中国礼仪很讲究"自律",即自己约束自己,自己教育自己。孔子最著名的一句话就是:"克己复礼"。"克己复礼为仁"这句话出自《论语》中的《颜渊》一章:颜渊问仁。这里的"克己"就是严格要求自己,实际上是修己,制约自己。"复"的意思,就是回复礼制。

礼仪可以帮助人们塑造一个总体形象,包括外在的形象和内在的形象。外在的形象是表现出来的言谈举止、行为服饰等视觉形象,内在的形象则是人品、格调、气质、风度等人格形象。前者是表现性的,后者则是描述性的,前

者表现后者,而后者更能够深刻地影响前者。

在古代,女子穿裙子主要是为了讲究礼节,而不是为了展示自身的妩媚和俏丽。明朝李渔在《闲情偶寄》中写道:"妇人之异于男子,全在下体。男子生而愿为之有室,其所以为室者,只有几希之间,掩藏秘器,爱护家珍,全在罗裙几幅。"

古人对于女子的下体有着强烈的神秘感和神圣感,并强调女子以裙子遮掩下体,否则,就会被认为是轻薄和无耻。不论是年老的还是年轻的女子,只要结婚成家,就要经常规规矩矩地穿着整齐的裙子,即使在家里也要如此。如果客人来访,遇到主妇没有穿裙子,就会被认为是对客人的不敬和失礼,传扬出去会遭到耻笑和白眼。

第二章

礼之源，天地始

第一节 天经地义的礼

《左传》说:"大礼,天之经也,地之义也,民之行也。"说的就是礼是天经地义,天地之性,生化六气,敷演八行,呈现各种声音颜色。礼成为大自然的秩序和规律,也成为最高的自然法则。为了防止人们因淫乱失去个性,所以必须制定礼仪来加以约束。

礼仪的起源有五种说法。一是天神生礼,二是礼是天地人的统一和谐,三是礼起源于人类的自然本性,四是人性与自然环境的调和,五是礼起于俗。

"天神生礼说",这是人们还没有认识到礼仪的真正起源时的一种信仰说教,是神崇拜的反映,代表了人类图腾崇拜时期对原始礼仪的一种认识。《左传》有言:"礼以顺天,天之道也。"意思说,礼是用来顺乎天意的,而顺乎天意的礼就合乎"天道"。"天神生礼说"虽然不科学,但却反映了礼仪起源的某些历史现象。

"礼是天地人的统一和谐说",这种观点是春秋以后兴起的一股思潮所致。它认为,天地与人既有制约关系和统一性,又具有高于人事的主宰性。把礼引进到人际关系中来讨论,比单纯的"天神生礼说"有了很大进步,但仍没有摆脱原始信仰,所以仍是不科学的。

"礼起源于人类的自然本性说"，这是儒家的创见，儒家学派把礼和人性结合起来，以为礼起源于人的天性。孔子以仁释礼，一方面把礼作为处理人际关系的总则，另一方面把仁当作礼的心理依据。克己以爱人，就是仁；用仁爱之心正确而恰当地处理好人际关系，就是礼。

◎ 盘古开天图

　　"礼是人性和自然环境的调和说"，这一学说的目的在于解决人和环境的矛盾。孔子"克己复礼"的观点，就是看了人和环境的矛盾，而解决这种矛盾的方法是"克己"。人的好恶欲望如不加以节制，什么坏事都干得出来，于是圣人制礼，节制贪欲。

　　事物的礼落到实处，使之与世故习俗相关，所以又有了礼起源于俗的说法。荀子说："礼以顺民心为本……顺人心者皆礼也。"从理和俗上说明礼的起源。

　　归结上述说法，可以认为是"礼"先于"仪"，礼起源于对自然的崇拜，大自然的一切被赋予了灵性和神圣，所以先民们通过礼来体现对大自然的虔诚，也通过礼来进行教化统领大众。

第二节 从神到人的礼

在原始社会,山川草木以及鸟兽虫鱼,都有着一种神圣的色彩,可以说它们是一种崇拜对象。人们借助这些崇拜对象表现出原始的礼仪。

中国有文字记载的礼仪历史可以追溯到五千年前。在中国历史博物馆,就收藏有出土于 1953 年陕西省西安市东郊半坡村遗址的一个人面鱼纹彩陶盆。这个泥质红陶制成的半坡文化代表物件,它的内壁绘制对称排列的两幅人面纹和单鱼纹,有着很独特的含

◎ 人面鱼纹彩陶盆

义。专家认为,这体现当时的原始礼制生活,反映了当时的神话传说,也是一种渔猎仪式,寄寓着祈求丰收的愿望,实际上体现了一种图腾崇拜。

图腾在英文中叫 Totem,实际上标志和象征着原始部落自己的祖先亲属保护神。原始人因为生产力比较落后,就认为一些动植物以及山川河流等都可以作为部落和氏

族的徽记,受到崇拜。如一些部落对图腾动物禁杀禁捕,并且禁止触摸注视,也不能说图腾的名字,如图腾动物死去了,就要说是睡着了,依照人类的仪式来安排葬礼。

也有些民族认为图腾动物是可以吃的,相信吃了图腾动物,能把它们的神威转到自己的身上,当然在吃的时候要行使应有的礼仪形式,恳求图腾动物和自己的祖先宽恕自己。比如熊是鄂温克族的食物来源,鄂温克族人打到熊后,要说它睡了,吃熊肉的时候要学乌鸦的叫声,说是乌鸦吃的。另外对熊的骨架按照人一样举行葬礼仪式。

图腾的产生,体现了古代礼仪的一个发展形式。之后随着岁月的延伸,礼从敬神转向了敬人,人们把日常交往的活动仪式也叫礼,如婚礼、寿礼、饮食宴礼、饮酒礼等,这就形成了从神到人的礼。人们礼尚往来、馈赠财物叫礼,如贺礼;礼遇人家也叫礼贤下士。

礼尚往来就是一种礼貌礼节。《礼记》中的《曲礼》说:"道德仁义,非礼不成。教训正俗,非礼不备。分争辩讼,非礼不决。君臣上下,父子兄弟,非礼不定。宦学事师,非礼不亲……是以君子恭敬撙节退让以明礼。"人类行为之规范也叫礼,于是礼就有了政治上的含义。

第三节 龙凤天子的礼

凤凰

《礼记·礼运》中说到麟、凤、龟、龙,谓之四灵,作为图腾而受到古人的崇拜。动物图腾中延续最久的,还是龙凤。

《尔雅》中说,"鹧凤其雌黄",根据郭璞的注解,凤凰是"鸡头,蛇颈,燕颔,龟背,五彩色,高六尺许。"可以推测,凤凰与孔雀相似,是以孔雀为原型。有些人认为它是属于雉类,雉类善良又勇猛,这种品质融合在凤凰的形象之中,自然而然成为吉祥的象征。

《韩诗外传》里有一个故事,说的就是黄帝也是崇拜凤凰的。黄帝即位的时候,给百姓施于恩惠。他仁厚待人,世界一片和平,但没有见到凤皇(凤凰),就构思凤凰的形象。因此召唤天老(巫师),问他凤凰的形象到底是怎么样的。天老

◎ 古代的图腾——凤凰

回答说,凤凰有鸿的翅膀,麒麟的臀,鱼的尾巴,蛇的颈,有龙纹,龟的躯体,有燕子的颔,有鸡的尖喙,伸长头颈、展开翅膀,五彩缤纷,鸣动八风,气应时雨。

因此,黄帝就穿着黄衣戴着黄冠,斋戒宫中,许多凤凰果然翩然而至,伸出翅膀遮挡住阳光。黄帝起身,降于东阶,往西面再拜。稽首道:"这是皇天降下的福祉,我不能不接受上天的垂命。"于是凤凰就住在黄帝的东园里,栖息在梧桐上。

《山海经·图赞》说凤凰有五种象字纹:"首文曰德,翼文曰顺,背文曰义,腹文曰信,膺文曰仁。"凤凰种类繁多,因种类的不同其象征也不同。传说中共有五类,分别是赤色的朱雀、青色的青鸾、黄色的鹓鶵、白色的鸿鹄和紫色的鸳鸯。

中国上古神话把凤凰称为不死鸟,代表着吉祥,雌为凤,雄为凰,寿命为五百岁,临死的时候,衔来香木,在火中自焚,火灭后,自然复生。

传说殷商的始祖启的母亲简狄在户外洗澡的时候,吃了玄鸟的蛋,于是怀孕生下了启。启帮助大禹治水,立下了汗马功劳,后来创建了商。大禹治水成功后,在庆贺的典礼上,凤凰率领百鸟一起歌舞。所谓"《箫韶》九成,凤皇来仪。"这里的仪,也就是跳舞的意思,在古礼中,音乐舞蹈是不可缺少的,《山海经》中说,"凤凰自饮自食,自歌自舞,见则天下安宁。"

龙

在礼中另一地位尊贵的图腾就是龙。《说文》中说,"龙,鳞虫之长,能幽能明,能大能小、能短能长,春分而登天,秋分而入渊。"

在金文和甲骨义的表述上,龙具有长吻、生耳或角,蜷曲身躯,有一足或两足,披鳞,如鳄鱼。

到了汉代，龙就变得头大尾小，长嘴巴，上唇较下唇长，鼻头隆起或向上翻起，脑袋如马，爪子如鸟，耳朵如牛，尾巴如豹。

魏晋时期，有牛头、象鼻、鹿角、马鬃、麟身、蛇躯、鱼尾、鹰爪等龙形描述，基本定型。它能在水中游地上走天上飞，海陆空全能，能呼风唤雨，能打雷闪电。

饕餮和夔只是龙的另一种变体，据说一足的龙叫做夔龙，有鳞的叫作蛟龙，而有翅膀的叫作应龙，虬龙是有角的，鱼龙是龙头鱼身的。

◎ 四爪龙像

"龙"从远古起就作为人们顶礼膜拜的图腾，这一点从文字的演变可看出来。甲骨文龙字从辛字头，从蟠曲之体，为会意兼象形之字。"辛"字像棘刺之形，义为"铁腕手段"，引申义为"威权"。

◎ 自右向左：骨刻文—甲骨文—金文—小篆—隶书

甲骨文龙上为"辛"中龙头下龙角或龙嘴龙头接S形龙身（动物象形文是侧面象）。楷书繁体的龙字左为"立肉"，右为折角的"S"形，或看作大致的"弓"形。"立"为"辛"省，与"帝"字头同源，表"威权"之义。右边的弓形表示"形体蟠曲"，上为头，下为尾，中有等距排列的横道，象征性地表示"鳞片肢爪"。

篆文的龙字左为"辛肉"，右为"鳞虫蟠曲之形"。"辛"指"威权"。"肉"指"实体"。"辛"与"肉"联合起来表示"威权实体"。"蟠曲"指"S"形,即指蛇身左弯右曲的扭摆游移动作。"S"形体上附着有等距排列的短划,用于抽象地表示"鳞片肢爪"。

龙是最权威的象征,中国的皇帝总把自己比为真龙天子,又派生出龙庭、龙椅、龙床、龙颜、龙袍、龙辇等。

◎ 驭龙升天图局部(马王堆汉墓)　　◎ 驭凤升天图局部(马王堆汉墓)

第四节 文身与岩画的礼

谈及文身,就要说到一个人,泰伯。

泰伯也叫作太伯,是周太王古公的大儿子,他有两个弟弟仲雍和季历。按照旧的礼制,泰伯是长子,可以继承王位,但太王去世后,他和仲雍还是把王位让给了三弟季历,自己到吴地一带隐居去了,断发文身。当时人们认为泰伯文身,损害自己的身体,身体发肤受之父母,不应得到损伤,但孔子还是给予大力的褒扬。

泰伯后来就成了吴国的祖先。吴地文身的习俗,于是传袭下来。《谷梁传·哀公十三年》曰:"吴,狄夷之国,祝发文(纹)身。"

"祝发"也就是断发,剃短头发不戴冠,原因就是吴地潮湿水田劳作的缘故。

而"文身",也就是在文身部位的皮肤上,先用墨汁

◎ 古人文身图

和其他的染料写纹绘画,趁着墨汁还没干的时候,用针刺破皮肤,让墨汁渗透在皮肤之下,然后洗掉墨汁,图文也就永远留在身体上了。这种文身的习俗,也叫作扎青、点墨、刺青、刺文、文面、绣面等。

《礼记·王制》中说:"东方曰夷,被发文身,有不火食者矣。"有注解说,泰伯与吴地百姓一样,"文其身,以象龙子,故不见伤害。"所谓的龙子,也就是蛇,在先秦时期,吴地还是一片蛮荒地带,人们文身以蛇的形象,期望不受到水深或者水族的伤害。泰伯入乡随俗,同时教化礼俗。

在上古三代,有七支土著居住在福建,也叫作"七闽"。与吴地百姓一样,他们的身体上也纹着类似于百步蛇的三角形纹,以及各种的曲线纹。据说这与巫术有关。

与人体上针刺的文身相类似,人们也在岩石上绘画,体现图腾崇拜的礼俗。直到现在,中国大地上遗留下许多

◎ 阴山古岩画：狩猎图

古代的岩画，生动细致地体现了当时的生活生产、祭祀等各种礼俗场面。

中国的岩画有南北两派，广西左江流域包括四川、云南、贵州、福建等地区，是南派岩画的集中地，这些岩画基本上是用赤铁矿粉调和牛血制作的颜料进行绘制的，时间基本上是在战国时期，表现了古人一些有关祭祀的情景。用红色和血色来绘制岩画，表现一种粗犷雄壮之美，富有激奋精神和生命力量。

北派岩画则集中在阴山、黑山、阿尔泰山一线，基本上是刻制而成的，大都是用敲凿和磨刻等为主，最早是在新石器时期就有了。相比起来，北派的岩画基本上体现了战争和狩猎、舞蹈，以及男女交媾生殖图腾，一些神祇和日月星辰等形象，有着古朴粗犷的礼俗场面，充满着一种古代礼制的神秘性，实际上包含着巫术特色与精神。

第五节 巫术与占术的礼

 巫术

传说在舜帝时期，舜派遣他的儿子到了巫咸国。巫咸

国的人们一手持着青蛇,一手拿着赤龙,生活在大荒之中,充满神秘。巫咸国也就是现在的山西运城。国土中有盐池,上承盐水。舜帝的儿子就带领巫咸国的人以土烧盐,在烧盐的时候,举行各种祭祀活动,别的地方的人都把这种制盐技术叫作巫术。

巫术有辟邪的方式,如树立门神,在正对大路的房舍前放置泰山石敢当,端午节的时候饮雄黄酒,挂菖蒲剑等。

在巫术中,傩戏也是很重要的一个方式,傩戏是歌舞时在脸上画出鬼神的脸谱,戴上面具,做神形和鸟兽之形,在周代的时候,是非常盛行的。

一般在腊月举行驱逐疫鬼的大傩仪式,目的就是驱除疫鬼。大傩也叫作打傩、驱傩。当然,巫术也不是对神灵的一味尊敬,有时也可以行使处罚措施的。比如在求雨时,没有得到雨水,就要施巫术,晒龙王等,逼迫下雨。

很多巫术的来源是和传说有关,比如泰山石敢当。相传泰山脚下有一个人,姓石名敢当。此人非常勇敢,武功高强,好打抱不平,在泰山周围名气很大。泰安南边五六十里地,有个大汶口镇。镇里有户张姓人家,张家的女儿年方二八,长得自然是脱俗漂亮。可近来每到太阳压山的时候,就从东南方向刮来一股妖气,刮开她的门,上她屋里去。这样天长日久,女孩变得面黄肌瘦,很虚弱,找了许多先生看也治不好。人们说这是妖气缠身,光吃药是治不好的。石敢当一听就去了。他交代下人:"准备十二个童男,十二个童女。男的一人一个鼓,女的一人一面锣。再就是准备一盆子香油,把棉花搓成很粗的灯捻,准备一口锅,一把椅子。"天色一黑,他就用灯芯子把香油点着。他用锅把盆子扣住,坐在旁边,用脚挑着锅沿,这样虽然点着灯,远处也看不见灯光。一会儿,从东南方向来了一阵妖风,看着风就过来了。石敢当用脚一踢,踢翻了锅,灯光一亮,十

◎ 泰山石敢当

二个童男童女就一齐敲锣打鼓，妖怪一进屋，看见灯光一亮，就闪出屋，朝南方逃跑了，上了福建。之后，福建有的农户又被妖风缠住了身体。怎么办呢？人家就打听，又把石敢当请去了。他又用这个办法驱妖，妖怪又跑了，上了东北。于是到了东北又有姑娘得了这个病，又来请石敢当。石敢当就想："我拿此妖一回儿，它就跑得老远，山南海北这么大地方，我也跑不过来呀"。思来想去，他想出了一个办法，泰山石头很多，石敢当就找石匠打上他的家乡和名字："泰山石敢当"。以后谁家闹妖气，石敢当就让谁家把石头放在家的墙上，那妖就跑了。泰山石敢当降妖的事越传越远，以后，人们为了避邪，在盖房子的时候，总是把刻有"泰山石敢当"的石头砌在墙上或放在门口。

巫术还分为白巫和黑巫。通常，向神明祈祷奉献祭品的是白巫。而黑巫则是暗地里害人的。比如黑巫常用的巫术就是蛊，就是将许多毒虫放在一个容器中，让它们相互残杀，留下最强的，就是蛊。蛊一般放在食物中，中蛊后，人会生病甚至死亡。

巫术在上古时期也被用来判案裁决。中国古代的

"法"字,表示的就是一种独角兽,獬豸。獬豸代表公正的法官象征,受人礼敬。上古的皋陶(上古传说中的人物。传说他是虞舜时的司法官,后常为狱官或狱神的代称)是用羊来抵触断案的,如果被神羊角触及,就是有罪。有些则让犯人用口舌舔烧红的犁头,按照口舌的伤势进行判案。有的则让犯人在滚烫的油锅中捞东西,如果不被烫伤而捞出东西,就判定是无罪的。这些天判神判的形式,与占卜也是相类似的。

占卜

占卜也叫卜筮,在古代,人们用龟壳与牛的前胛骨烧灼来占卜。卜是象形字,也是会意字,占卜所用的基本都是龟壳和牛的前胛骨,烧灼,然后裂开许多如卜字形的纹路,人们就用这种纹路来问卜。

在殷商时期就有许多关于占卜的记载,占卜就已经盛行了,当时的统治者通过占卜来决定国家大事,如征战等。

用蓍草占卜叫作筮。公元前11世纪,周文王被商纣王困在羑里的牢狱之中,就用蓍草占卦。用蓍草占卦的方式是很繁杂的。羑里生长着蓍草,移栽到别的地方就难以成活。

周文王造八卦,是上古礼制一个划时代的事件。《周易》是有关占卜的书,也是中国最早的哲学著作。《周易》中的第一篇就是乾卦,其卦文以龙为象征:"潜

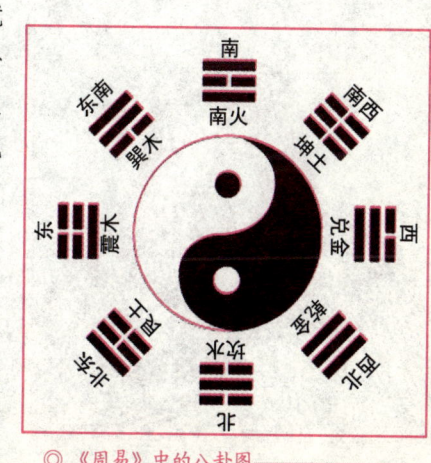

◎ 《周易》中的八卦图

龙勿用""见龙在田,利见大人。"

第六节 仓颉造字与周公制礼

仓颉是黄帝时的史官,据说他长有四只眼睛,能通达宇宙万物,能看见鸟兽蹄印,"初造书契",形成后来的六书。龟壳上的纹路,鸟身上的羽毛,山川的褶皱和人的掌纹,都激发他创造文字的灵感。据说他造字时,天下鬼神都为之痛哭和发愁。

中国汉字造字的方法是六书,"六书"这个词最早出现在《周礼·地官·保氏》中,"保氏掌谏王恶而养国子以道,乃教之六艺……又曰六书。"根据东汉郑玄注,六书就是象形、会意、转注、处事、假借、谐声。其中所谓的处事就是"指事",谐声就是形声,象形就是画图,如"日"字,画一个圆圈,中间点上一点。会意字就是用许多的字形进行组合,让人会意,比如三个人为"众",三个木为"森",料子是米放

◎仓颉像

在斗中,有量的意思。形声字形式很多,有下形上声,如"忠";有左形右声如"钟",有外形内声,如"衷";有内形外声,如"问"等。

说到周公制礼,首先要说到一个人,就是周公。周公名字是姬旦,是周文王的儿子,周武王的弟弟。他功绩显赫,曾经助周武王灭商。周文王在世的时候,周公就以孝行在诸子中树立了威信。《史记》上也这样记载,周公旦"巧能,多才多艺,能事鬼神。"

周武王生病的时候,大家占卜请求周公给以医治,周公于是祷告,要以自己的身子代替周武王。那时候,他设三个坛,面北而立,戴着玉璧,拿着玉圭,并对太王、王季、文王等列位祖先祈求。

◎ 周公像

周公制礼是一件划时代的大事。当时,他东征取得了胜利,并且营建了成周,《南书大传》中说,他"五年营成周,六年制礼作乐。"制礼作乐本身就是建立系统完善的政治体制,这种体制就是"周礼"。

在周礼中,形成了比较严格的宗法等级制度。首先,周公确立周王是天下共主的地位,周王也就是"天子",夏商的灭亡和周朝的兴起是天命所致,天命是"靡常"(无常)的,但也是"不僭"(不差)的。其次,周室中大宗就是天子,小宗就是与周天子同姓的诸侯,比如作为天子的叔伯兄弟,因此形成了以血缘为维系的宗亲关系,地位也不同,等级更加分明。这种宗法礼仪的确定,维系和加强了嫡长子的继承制,另外还利用分级立宗的方式,进行权力和利益的再分配,使家族统治基础地位得到巩固。

周公制礼的目的是敬德保民。这种敬德就是礼的方式。"父慈子孝,兄友弟恭",天子之下有诸侯,诸侯之间又有不同的爵位和等级,通过严谨的礼仪制度得以维系起来。周公规定了祭祀的形式,还有音乐舞蹈,以及宴饮丧葬、婚嫁、日常起居等,都有比较细致明确的标准,很有操作性和示范性。周公所制的礼也叫作周公之典。

周礼确定了国家的人事组织,设计了服饰、城池建筑等各种标准,把礼制规定得非常全面完美,也奠定了周朝八百年的江山,因此,周公被后人奉为圣人。

第七节 《周礼》、《仪礼》与《礼记》

中国是礼乐古国,贯穿历史的主要还是儒家思想。儒家的思想荟萃于礼经之中。所谓的礼经,也就是儒家的"五经",即《诗》《书》《礼》《易》《春秋》。《周礼》《仪礼》和《礼记》也就是人们经常说到的"三礼"。

《周礼》又称《周官》,讲官制和政治制度。《仪礼》记述有关冠、婚、丧、祭、乡、射、朝、聘等礼仪制度。《礼记》则是一部秦汉以前儒家有关各种礼仪制度的论著选集,其中既有礼仪制度的记述,又有关于礼的理论及其伦理道德、学术思想的论述。

据史学记载,《周礼》源于西汉的景帝、武帝之际。当时河间献王刘德从民间征得一批古书,其中一部名为《周官》。原书当有天官、地官、春官、夏官、秋官、冬官等六篇,但是《冬官》已散失,就取性质与之相似的《考工记》代替,使其完整。王莽时,因刘歆奏请,《周官》被列入学官,并更名为《周礼》。东汉末,经学大师郑玄为《周礼》作了出色的注。由于郑玄的崇高学术声望,《周礼》一跃而居《三礼》之首,成为儒家的煌煌大典之一。

《周礼》是一部通过官制来表达治国方案的著作,内容极为丰富。天文历象、天下九州、城市建筑、邦国建制,以及陵寝、车马、服饰、饮食、刑法、税赋等制度,非常全面细致,是战国时期礼乐的集大成者。

《周礼》的许多礼制影响百代。如从隋代开始实行的"三省六部制",其中的"六部",就是仿照《周礼》的"六官"设置的。唐代将六部之名定为吏、户、礼、兵、刑、工,作为中央官制的主体,为后世所遵循,一直沿用到清朝灭亡。历朝修订典制,如唐《开元六典》、宋《开宝通礼》、明《大明集礼》等,也都是以《周礼》为蓝本,斟酌损益而成。

《周礼》对礼仪的规定名目繁多,如有吉礼、嘉礼、凶礼、宾礼、军礼等。周公在"分邦建国"的基础上"制礼作乐",总结、继承、完善,从而系统地建立了一整套有关"礼""乐"的完善制度,主要有"畿服"制、"爵谥"制、"法"制、"嫡长子继承"制和"乐"制等。

周公旦还制定了一系列严格的君臣、父子、兄弟、亲疏、尊卑、贵贱的礼仪制度,以调整中央和地方、王侯与臣民的关系,加强中央政权的统治,这就是所谓的礼乐制度。

西周的礼乐制度,形成了西周特色的礼乐文化与礼乐文明,对后来历代中国文化都产生巨大而深远的影响。

◎《仪礼》书影

《仪礼》原来就叫《礼》,汉朝人称为《士礼》,对《礼记》而言,又叫《礼经》。到了晋代才称《仪礼》。在"三礼"中,它是成书最早的一本书,有人说是周公写的,也有人说是孔子修订的。近代专家根据书中的记载,结合出土的青铜礼乐器物上的文字进行分析,认为这本书写作于战国初期和中期。

《仪礼》所记的仪节制度对后世的影响十分深远。冠婚丧祭各种礼节一般都为后世承袭,只是细节上略有增减而已。特别值得一提的是《仪礼》中的丧服篇。从魏晋以迄清末,礼制介入了法制,各个王朝的法典均以儒家学说为指导思想和立法根据,其中最重要的就是根据丧服篇中的"五服制度"规定,实行了"准五服以治罪"的原则(《晋书·刑法志》)。

《仪礼》分为十七篇,根据《礼记·昏义》,士冠礼第一,婚礼第二,士相见第三,士丧礼第四,既夕第五,士虞礼第六,特牲馈食礼第七,少牢馈食礼第八,有司澈第九,乡饮酒礼第十,乡射礼第十一,燕礼第十二,大射仪第十三,聘礼第十四,公食大夫礼第十五,觐礼第十六,丧服第十七。

《仪礼》里全是礼仪的详细记录,光记仪节,不讲礼的意义。从《仪礼》中看来,商周时期就有极其繁缛的礼节,有着很复杂的典仪。还有专门从事典礼的人,所以有"礼仪三百,威仪三千"之说。到了汉宣帝时期,戴德、戴圣、庆普三家所传习的《礼经》立于学宫。西汉末年,有戴德、戴圣、刘向三个版本流传,郑玄用刘向版本作注。现在留下的就是郑玄的注本,晋代时这本书才定名为《仪礼》。

随着封建制度的覆灭,《仪礼》及其派生礼典所记录的一系列仪节就失去了社会基础,从而剥夺了它实践的可能性,但《仪礼》一书的仍然有较高的史料价值。

《礼记》,是中国古代一部重要的典章制度书籍,儒家经典之一。该书是战国至秦汉年间儒家学者解释说明经书《仪礼》的文章选集,是一部儒家思想的资料汇编,又叫《小戴礼记》。《礼记》的作者不止一人,写作时间也有先有后。

《礼记》对秦汉以前各种礼仪著加以辑录,编纂而成,共四十九篇,编定者是西汉礼学家戴德和他的侄子戴圣。戴德选编的八十五篇本叫《大戴礼记》,在后来的流传过程中若断若续,到唐代只剩下了三十九篇。戴圣选编的四十九篇本叫《小戴礼记》,即我们今天见到的《礼记》。

这两种书各有侧重和取舍,各有特色。东汉末年,著名学者郑玄为《小戴礼记》作了出色的注解,后来这个本子便盛行不衰,并由解说经文的著作逐渐成为经典,到唐代被列为"九经"之一,到宋代被列入"十三经"之中,为仕者必读之书。

《礼记》的内容主要是记载和论述先秦的礼制、礼仪,解释仪礼,记述修身做人的准则,记录孔子和弟子等的问答,它阐述的思想包括社会、政治、伦理、哲学、宗教等各个方面,其中《大学》《中庸》《礼运》等篇有较丰富的哲学思想。

实际上,这部九万字左右的著作内容广博,门类杂多,涉及政治、法律、道德、哲学、历史、祭祀、文艺、日常生活、历法、地理等诸多方面,几乎包罗万象,集中体现了先秦儒家的政治、哲学和伦理思想,是研究先秦社会的重要资料。

《礼记》全书用记叙文形式写成,一些篇章具有相当的文学价值。有的用短小的生动故事表明某一道理,有的气势磅礴、结构谨严,有的言简意赅、意味隽永,有的擅长心理描写和刻画,书中还收有大量富有哲理的格言、警句,精辟而深刻。

《礼记》中的内容,在社会的、人性的、超越的三个理论层面上,都显示出与原始孔子儒学及孟子儒学、荀子儒学思想不同的变化,或为时代与现实生活的风雨催生的学术之花,是儒家在"礼崩乐坏"时代反思重建政治秩序和价值观念的产物。它承载了原始儒家在中国文化"轴心时代"焕发出的学术激情和文化精神。

第八节 孔子"从周"与"克己复礼"

在周礼的弘扬过程中,孔子起到了非常重要的作用,他周游列国时,曾经说过"郁郁乎文哉,吾从周"的话。在当时的鲁国,周礼的保存是很完整的,《史记·鲁周公世家》记载:"成王乃名鲁得郊祭文王。鲁有天子礼乐者,以褒周公之德也。"

在孔子的学说中,礼体现于八个字——"君君臣臣父父子子",君臣父子等级分明,这样才能恪守礼仪。孔子对君的违礼是不指责的,就像子为父隐一样,但可以通过仁的途径来实现礼,通过礼来调和矛盾,治理国家,通过礼来行使仁政,"以仁释礼"。所以孔子说,"不学礼,无以立。"(《季氏》),也就是说,人不学礼,不懂礼节,就不能在社会上立身。

孔子认为,以礼教民,是最重要的,而刑罚才是次要的。刑不上大夫,礼不下庶民。孔子把礼与仁结合在一起,"人而不仁,如礼何?人而不仁,如乐何?"意思是没有仁,仅仅是玉帛和钟鼓,有什么用呢?

孔子最著名的一句话就是:"克己复礼"。"克己复礼为仁"这句话出自《论语》中的《颜渊》一章:颜渊问仁。子曰:"克己复礼为仁。一日克己复礼,天下归仁焉。为仁由己,而由人乎哉?"颜渊曰:"请问其目?"子曰:"非礼勿视,非礼勿听,非礼勿言,非礼勿动。"颜渊曰:"回虽不敏,请事斯语矣!"

这里的"克己"就是严格要求自己,实际上是修己,制约自己,"克己奉公"的"克己"就是这个意思。"复"的意思,就是回复礼制。在这里,礼也是一种规矩,一种标准,包括礼仪、礼节和礼貌等。礼制的标准就是仁。孔子这样说:只要克己复礼,天下就归于仁政,天下也就太平了。证人首先是正己。克己的基本准则就是非礼勿视,非礼勿听,非礼勿言,非礼勿动。

第九节 人性善恶之礼

孟子是鲁国孟孙氏的后裔,曾经跟随孔子的孙子子思学习,因此也成了孔子仁礼学说的推动者。

因为仁,孟子才提出性善说,人性先天的善端,是禽兽所没有的。善有四种基本道德,就是仁、义、礼、智。辞让之心,是礼仪之端。孟子提出性命学说,在于尽心、知命、知天。"仁之于父子也,以至于君臣,礼之于宾主,知之于贤者也,"是孔子礼制思想的进一步提升。

与孟子相反,荀子提出了人性善恶的观点,认为礼才是善的,违背礼制才是恶的。天生的人性是恶的,不存在"尊君,守法,孝亲和循礼"的善,而是通过礼仪教化的途径来达成的。

荀子说,人生下来就有欲望,因为欲望得不到满足,所以才会产生争夺,所以先王才制定礼制规范,通过礼来满足不同阶层人的要求。因此他说:"礼者,人道之极也。"由此,"人无礼则不生,事无礼则不成,国无礼则不宁。"

说到性善性恶与礼的关系,汉代的董仲舒提出礼义、伦理、道德的性三品说:第一品是圣人之性,具有这种性的人,如天子。皇帝皇后是不需要礼仪教育的,他们需要用礼仪来教育百姓。另一种是中民之性,比如官僚、士大夫等。他们可以为善,也可以作恶,需要礼仪教育的。最后一种是斗筲之性,是劣等的,即使利用礼来教育,也是冥顽不化的。

在董仲舒的学说中,三纲五常,是礼的集中表现。所谓三纲,就是君为臣纲,父为子纲,夫为妻纲;五常就是仁、义、礼、智、信。

三纲五常调和维系社会中人与人之间的关系。与孔子同期的告子,陈述了人性无善无不善的学说。

到了宋代,王安石推行变法,认为古代的礼仪可能适合当时的情况,但不适应现在,许多人不明白权时应变的道理,看起来是尊重古人,其实是违背古人的礼制,这是非礼之礼。

天道尚变,礼也要与时俱进。但是他的观点遭到了司马光的反对。南宋朱熹把礼当成天理来阐述,他提出明天理,灭人欲。天理,就是纲常礼教。只能革除人欲,才能使礼得到真正的延续。

不过,朱熹提出的"灭人欲",主要是针对当时的上至皇帝下至官僚权贵阶层的穷奢之风。朱熹的不少奏折是规劝皇帝克制自己无止境的欲望,因此他生前大部分时间是不受待见的。但到了明朝,朱熹的学说被大规模推广,提倡灭天性毁人欲,礼制教育走到了一个极端,成为束缚人们心智的一种枷锁。

第十节 雅乐歌舞之礼

传说女娲不但造人,而且发明了最原始的乐器,"簧"。其类似于我国西北、西南少数民族的口簧和口弦。伏羲发明了琴和瑟。他发明的瑟有七尺二寸长,上面装有七十二根弦。另外,伏羲还创作了《扶来》《驾辩》等乐曲。

古人在祭祀、宴饮、出师等大型礼仪活动中,皆要以先王所制的音乐为辅助手段,来传达礼仪,从而加强礼仪对人的教化作用。

◎ 伯牙抚琴图

《礼记·乐记》中说,人生来内心是平静的,这是人的自然本性。可是由于外物的触动而有所感,便产生了欲望。《荀子·正名》曰:"性者,天之就也。情者,性之质也。欲者,情之应也。以所欲为得而求之,情之所必不免也……欲虽不可去,求可节也。"说的是人的欲望天生而来,不可免,为使其得以满足便要去寻求。寻求便会产生好、恶、喜、怒、哀、乐等各种情感。这些欲望、情感不加以节制,便会泛滥,因此就需要"节"。

既要满足情欲,又要节制,怎么办?《汉书·礼乐志》有记:"天禀其性而不能节也,圣人能为之节而不能绝也,故象天、地而制礼、乐,所以通神明,立人伦,正

◎ 古代壁画中的声乐图

情性,节万事者也。""兴于诗,立于礼,成于乐。""礼乐皆得,谓之有德。"这里,先王制礼作乐,目的不是为了尽量满足人们口腹耳目的欲望,而是用礼乐来教导民众,遵从人伦等级,端正品性,使好恶之情得到节制,从而回归到人生的征途上来。所以,礼乐自古以来就成为统治者治世之道的一种手段。

《尚书·舜典》中说:"诗言志,歌永言,声依永,律和声,八音克谐,无相夺伦,神人以和。"所谓的八音,也就是金、石、丝、竹、匏、土、革、木之声,钟为金声,磬为石声,琴瑟为丝音,管弦为竹音。八音之中,金石为先,地位更为显赫。八音协调,乃至中和。中和就

四人击鼓
弹琴
吹竽
击铎
吹箫
吹排箫
吹笛

◎ 俗乐演奏场面

是韶乐的最好表现方式,合乎中国的礼学精神。

韶乐是祭祀的音乐。当时,《萧韶》与黄帝时期的《云门》、唐尧时期的《大濩》,以及周代的《大武》同为古代的"大六乐"之一,也叫"雅乐"。孔子在齐地的时候,闻听了韶乐,三日不知肉味。

风雅颂基本上是周代的雅乐,用于宴会的是《大雅》《小雅》,郊祭和庙祭则用《周颂》,《国风》是士大夫宴会士庶所用的音乐。

与雅乐相对应的是俗乐,虽然不登大雅之堂,但从乐律上来说,是很动听的。

古代的音乐可以说是集音乐、舞蹈、诗歌于一体的一种艺术形式。《礼记·乐记》云:"比音而乐之,及干戚羽旄,谓之乐也。"用乐器将音的节奏和谐地表现出来,再加上手执干(盾牌)、戚(斧)、羽(雄性山鸡尾)、旄(旄牛尾)来随节奏翩翩起舞,就叫作乐了。

◎ 歌乐图

《通典·乐一》中曰"咏歌不足,故手舞之,足蹈之,动其容,象其事,而谓之为乐。"奏乐、和歌、舞蹈,三者相辅相成,并与礼相和,让人在美的熏陶中更容易接受教育,使之思想得以纯正。这一特点在古代重大的典礼仪式中表现得最为突出。同样,祭山川,享先妣、享先祖,都有不同的歌舞乐组合。即使在朝会、宴饮之时,也要歌舞相随,以烘托或庄严或欢乐的气氛。

编钟作为中国古代上层社会专用的乐器,是等级和权力的典型象征。它是兴起于西周,盛于春秋战国直至秦汉的一种打击乐器,用青铜铸成,由大小不同的扁圆钟按照音调高低的次序排列起来,悬挂在一个巨大的钟架上,用丁字形的木锤和长形的棒分别敲打铜钟,能发出不同的乐音,因为每个钟的音调不同,按照音谱敲打,可以演奏出美妙的乐曲。引在木架上悬挂一组音调高低不同的铜钟,用小木槌敲打奏乐。

编钟在西周时代作为祭祀、朝聘、宴享、歌伎的主要和声乐器,尤其适合于伴奏,富有中国古乐的独特风貌。西周时还以此礼乐制度规定名位、等级。编钟是王公贵族权势的标志。

◎ 代表古代礼乐等级的编钟

其中最引人注目的是在湖北随县曾侯乙墓发现的曾侯乙编钟。这套编钟工艺精美,音域可以达到五个八度,音阶结构接近于现代的 C 大调七声音阶。另外,编钟上还标有和乐律有关的铭文二千八百多字,记录了许多音乐术语,显示了中国古代音乐文化的先进水平。

舞蹈与音乐一样,起源于原始的劳动,《山海经·海内经》中说,帝喾的父亲帝俊,有子八人,始为歌舞。《尚书》记载,先民在获得猎物和耕作收获的时候,敲打石器,扮演百兽,叫作"击石拊石,百兽率舞"。这也成了最原始的舞蹈。

《吕氏春秋》中说,昔葛天氏之乐,三人执牛尾,投足哥八阕,一《载民》,二《玄鸟》,三《遂草木》,四《奋五谷》,五《敬天常》,六《建帝功》,七《依地德》,八《总禽兽之舞》。投足,就是踏步,借着踏步打节奏。《载民》一段歌唱人们辛勤的劳动;《玄鸟》就是燕子,是商代人的图腾,《遂草木》祈求草木茂盛;《奋五谷》祈祷五谷丰收;《敬天常》向上天表示敬意;《建帝功》,就是称赞天帝的功德无限;《侬地德》,是对天地的感恩和酬谢;《总禽兽之舞》,是对大地的感恩与酬谢,祝愿禽兽繁殖。

夏代的最后一个统治者夏桀,有乐舞奴隶三万多人,歌舞演奏音乐,声动八方。周朝建立之后,对乐舞进行了级别的限制,"天子八佾,诸公六佾、诸侯四佾"。"佾"是古代乐舞行列的意思。礼乐重器钟磬的悬挂也有规定,"王宫悬,诸侯轩悬,卿大夫判悬,士特悬",意思是说,王悬挂钟磬等乐器限于四面,诸侯悬挂钟磬限于三面,卿大夫悬挂钟磬限于两面,士悬挂钟磬仅限一面。但周礼的这种制度,到后来就被破坏了,一些诸侯和卿大夫的乐舞规模远远超过了天子。

周公作乐的内容是"六舞"。《云门大卷》《大咸》《大韶》《大夏》《大濩》《大武》,也叫作六代之乐。

《云门大卷》是黄帝时期的舞蹈,"黄帝以云为纪",其德宛如祥云一样,舞蹈也体现出祥云的美。《大咸》是尧的大臣模仿山林溪水的声音制作的。《大夏》为夏时的贤臣皋陶所作,歌唱大禹的功绩,舞者戴着皮帽,上身赤裸,下身穿素白的裙子,手里拿着龠(一种吹奏乐器),《大濩》又名《桑林》,《孟子》中说庖丁解牛,合桑林之舞,指的就是这个舞蹈。传说是汤到桑林中求雨成功后,大家跳起这个舞蹈。领舞者打着五彩的鸟羽装饰的大旗,舞队在昏暗的光中进场,显得非常的神秘。《大武》是歌颂武王伐纣的舞蹈,孔子说,《大武》开始的时候,先是一段长长的鼓声,表现了周与纣王惊心动魄的战争。《云门大卷》《大咸》

◎ 古代石刻上的舞者

《大韶》《大夏》是文舞，而《大濩》《大武》为武舞。文舞指的是龠和翟，武舞指的是干和戚。

◎ 韩熙载夜宴图上的舞蹈场面

除了"六舞"的大舞之外，还有小舞。小舞产生于周代，是六种用于祭祀的舞蹈：一为《帗舞》。帗是一种丝绸或用丝绸制成的系在竿上的条形物件。执帗而舞，用于祭祀后稷（即土神和谷神）。二为《羽舞》，祭祀宗庙和四方神，舞者手拿白色鸟羽毛。三为《皇舞》，祭祀雨神，舞者头上插着羽毛，身上穿着翡翠的羽衣。四为《旄舞》，舞者手持牦牛的尾巴跳舞，祭祀西周的大学——辟雍之神，也用于燕乐中。五为《干舞》，拿着盾牌跳舞，一般用于兵事，或者祭祀山川。六为《人舞》，空手而舞，祭祀星辰和宗庙。

第十一节 冠冕章服之礼

古人所着礼服的制式、颜色、配饰及冠冕鞋履等的规格，都要和行礼者的身份、所行之礼相符合，否则就视为失礼。

郑玄在《尚书·正义》注中曰："冕服华章曰华，大国曰夏。"《左传·定公十年》疏云："中国有礼仪之大,故称夏;有章服之美,谓之华。"很显然,中国历来便是"衣冠上国""礼仪之邦",这礼仪便是通过华美且独具中华精神特质的服饰体现出来。同时又可以看出中国古代服饰的两大特点:一是华美,一是蕴含了博大精深的礼仪。

中国古代服饰历经辉煌,不仅因为其华美,更在于它的社会功用。"服饰之事虽微,然而属历代礼仪典制之所系。"中国台湾学者王关仕在《仪礼服饰考辨》中精到地点出了服饰制度与礼仪典制的关系:中国历来是礼仪制度发达,各种礼仪规定的存在和发展通过同样发达的服装文化得以集中体现。

自夏商礼制初成开始,便明确出现了与各种礼仪活动相应的冠服制度。如祭祀天地、宗庙,临朝参政,从军服役,婚丧嫁娶等,都有与之相适应的服饰规定。

到了周代,冠服制度随着周礼的成熟逐步完善,并被纳入了"礼治"的范畴,成为礼仪的一种表现形式。人们的服饰行为必须合乎各阶层共同遵循的行为规范,男女服饰不可通穿,丧服不得外出,劳作或酷暑不能袒胸露肌等,这些不同的仪礼限定,其目的只有一个,辅助"劝善别尊卑"的典章程式,使之在具体实施过

◎ 仁君尧帝像

程中达到理想的目的。

那么,古代服饰又是如何与"礼仪典制"相系的呢?这主要体现在服装款式、服色、配饰等几个方面。

中国古代服饰看似纷繁复杂,但实际上万变不离其宗,基本可以分为上衣下裳、衣裳相连两大类别。

上衣下裳这种服饰,最初是法天尊地卑的观念而创制,是社会走入文明的一个标志。但这只是服饰礼制的初期,还并不完善。到了西周,由于奴隶主与奴隶之间的根本对立,奴隶主阶级不仅垄断了服饰资料,而且为稳定奴隶主阶级内部的秩序,规定了等级制度和相应的章服制度。从西周起,几乎每个朝代都设置"司服"一职,"**掌王之吉凶衣服,辨其名物与其用事**",根据礼仪活动的内容向皇帝、后妃提供相应的服饰。当时,如果有"**触易君命,革舆服制度**"者,便会受到割掉鼻子的严厉惩罚。由此可见当时的服饰礼仪制度非常严格。

另外,古代还有"三翟"之说。翟,长尾雉鸡,衣裳之上因绣饰"翟"而得名"翟衣"。"三翟"即袆衣、揄翟、阙翟三种服饰的合称,是中国古代后妃命妇的最高级别的礼服,与男子礼服的"六冕"相对应。其特点是衣裳相连,表示女子应有崇尚专一之义。袆衣、揄翟分别是皇后、

◎ 汉代服饰图

皇太子妃受册、祭奠和参加朝会等大型事务时的礼服，阙翟为皇后参加普通祭典和祭宗庙的祭服。三者区别在于衣、裳颜色及其上面所绣纹饰不同。

服饰色彩也是中国古代"服饰治世"的一大特色。中国历史上每一次改朝换代几乎都有"易服色"的举措，以此来表示与前代划清界限，从而加强自己的统治。从夏商的尚黑尚白到唐代黄色成为帝王的专宠，无不说明服色在统治中的重要地位。

古人认为，天地间有某种力量能够主宰一切，于是产生对天地的崇拜，并把这种文化也渗透于服饰之中。玄衣纁裳最能体现此特点。

玄衣与纁裳是古代服饰中最高贵、端庄的搭配。玄、纁二色分别象征天地，被视为神圣的天地之色，其较之统治者所推崇的青、赤、黄、白、黑五正色尤为尊贵而独居其上，玄，黑中扬赤，代表天的颜色；纁，黄里并赤，其意表征大地。

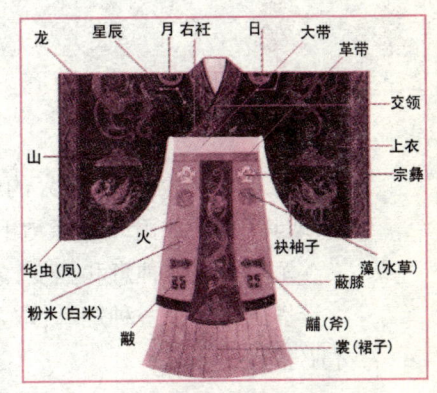
◎ 汉代帝王的冕服

玄衣纁裳突出的代表是天子等参加各种祭祀时所着的冕服。冕服都是上玄衣、下纁裳的形制，以花纹种类、数量来区别等级。另外，周礼婚制中的礼服崇尚端正庄重，与后世婚制中有所不同，婚服的色彩同样遵循"玄纁制度"。

古代服饰的配饰包括两类，一类是绣饰，一类是着服时佩戴的饰物。它们除了装饰作用外，还有相同的政治作用：表明身份，区分等级，维护社会等级秩序。

绣饰中最有代表性的是十二章纹,它是严格的等级符号,从西周开始便被历代帝王所采用。它到隋唐成为定制,一直沿袭至清代。

十二章纹包括日、月、晨辰、山、龙、华虫、宗彝、藻、火、粉米、黼、黻这一系列图纹,其蕴含的文化思想如下:

◎ 古代服饰上的十二章纹

日、月、晨——取"照临于下",表普照天下、赐人间以光明、哺育万物生长之意。

山——取其稳重、高大的性格。同时因其可左右气候,取其"兴云致雨",表泽治下人之意。

龙——取其神意和应变,象征人君的应机布教。

华虫——是一种雉鸟,取其纹丽多彩,性耿介,表"文才昭著"。

宗彝——一种宗庙祭祀用的酒器,上绘有一虎一猴,取虎之勇猛,猴之机智,以表示智勇兼得之意。

藻——以水草有文,逐水上下,象征圣王随代而应。

火——取"炎上以助其德",象征圣王之德日新月异。

粉米——取其滋养,象征有济养之功德。

黼——取其断割,表示权威、决断,象征圣王临事能予以决断。

黻——表明辨是非、能向善背恶之意。

从象征意义可看出,各种纹饰无不渗透着儒家治世思想及统治阶级的意愿,起到了标榜君德至高无上、规劝人君大臣向善备德之作用。

除了绣饰之外,作为装饰物的佩挂品也出现了严格的等级差别。佩绶、蔽膝、绅绶、容刀等配饰,成为华夏衣冠里等级尊卑的显著特征之一。

佩,身上的玉饰。佩玉早在商代就已成为时尚,到了周代,更是赋予玉器以更多的内涵,常常与君子美德相关联,孔子就有"君子比德于玉"之说。《诗经·秦风·小戎》中亦有"言念君子,温其如玉"之语。

玉因其色泽、质地、敲击它所发出的声音等方面独具的特点,被认为具有君子修身所要追求的仁、义、礼、智、乐、忠、信、天、地、道、德等多种美好品质,因而为人所钟爱。佩玉,以彰显自身的德行之美。

绶,是用彩丝织成的长条形饰物,用来悬挂印佩。平时官员在袍服外要佩挂组绶,并随身携带官印。"组"是官印上的绦带,所以有"印绶"之称。由此可见,古代服制中有以玉的色泽、绶的颜色表明官员的身份、区分地位尊卑的礼法,天子、诸侯王、公侯将军、九卿之佩绶各不相同。

古代的礼服,还包括与之相搭配的同时穿着、佩戴的冠冕、鞋履,以及各种配饰。按照礼法,这些服搭配的鞋履,以及各种配饰的组件只有依礼仪规定进行搭配,才是合礼,否则为失礼的表现。

◎ 明清男性服饰图

古人认为,"衣与冠同色,屦与裳同色,天地有异不可混",衣冠同色应天,裳履同色应地,天地有别,不可错位与僭越。上身与下身阴阳相合,使天地、人体合于一身。如"皮弁素积服"为白色系,鞋履便要求白色。着缥裳之礼服,鞋履便一定为红色的舄。这种和谐的搭配在服饰礼仪中必须遵循。同样,冠冕与足履又具有"明贵贱、别尊卑"的礼制作用。

第三章

古之礼，承千载

第一节 一统千年的儒家礼

春秋战国:儒家的形成奠定了古代礼教基础

西周是礼的完备时期,而后来到了春秋战国时期,社会已经到了"礼崩乐坏"的地步,不断涌现新的思想,出现了"百家争鸣"的繁荣景象。其中儒家思想影响深远,在百家争鸣中占据了非常重要的地位,于是形成了以儒家提倡的"仁"为思想核心、以其"义"为准绳、以其"礼"为行为规范的治世之道。

对于当时的社会秩序的问题,孔子有着深刻的感受,这成为他哲学思考的出发点。他认为,应该实行德治才能治理好国家。而德的表现就是礼乐制度。因为礼乐制度本来在西周时期是非常完善的,只不过到春秋时期遭到了破坏,所以要实行德治,最重要的一点就是要"复礼"。

其中"堕三都"是一则比较有名的故事,故事说:周朝为了防范贵族诸侯日后造反,建立了一条规定。这条规定是要求贵族诸侯的城墙不得超过18尺。但是,诸侯国鲁国中的三位国相"三桓"(季孙氏、孟孙氏、叔孙氏)掌控国家大势,不理这条规定。

儒家学者孔子对此很看不过去，同时也想利用自己在知识界的影响力受到公卿阶层的赏识从而步入政坛，所以就想联手国君鲁定公，实施"堕三都"的行动——也就是推掉三桓家里多出18尺的城墙部分。

◎ 古代版画《堕三都》

孔子的想法很合鲁定公的意，并让孔子"摄相事"。刚刚"摄相事"时，这位稳如泰山的老夫子也不禁面露喜色。弟子们很不解，便问："夫子不是说过君子大祸临头不恐惧，大福到来也不喜形于色吗？"孔子说："有这句话，但不是还有一句'乐在身居高位而礼贤下士'的话吗？"从这句话我们就可以想象到，身居高位的孔子也开始飘飘然了。

刚开始，事情进展得还算顺利，但推去两位国相的城墙后，齐国就把军队驻守在了鲁国境外的不远处，宣称如果鲁定公带军队去推掉最后一位国相的城墙，那么齐国就会攻进首都来，堕三都行动就此半途而废，同时也使得孔子和三桓成为了敌人。

有道是："水能载舟，亦能覆舟"，人家能把你捧上去，也能把你摔下来，鲁定公于是翻脸，把孔子推出来做挡箭牌。孔子不得不中断了仕途和救国的理想，与弟子们踏上了周游列国的道路，最终导致自己终身不受重用，四处游仕，累累如"丧家之犬"。

以"仁"为思想核心

儒家思想中所说的"仁"的概念早古已有之，是作为一种道德范畴，指人与人相互友爱、互助、同情等。如《诗经》中有"洵美且仁……其人美且仁"之类的诗句。这时的

"仁"与美相联系,意义比较简单。

到春秋时代,"仁"的含义才变得复杂起来。《左传》中多次出现"仁"的概念,涉及政治、道德、事功等多方面。孔子正是凭借这些创立了"仁"学体系,并以此作为儒家学派的思想核心。

孔子把"仁"作为最高的道德原则、道德标准和道德境界,认为"仁"是人的美好善良本性、德行的最高体现。因此,《论语·卫灵公》中说:"志士仁人,无求生以害仁,有杀身以成仁。"说的就是"仁"应该成为人生的宏伟目标,人性追求的最高境界。

我国古代关于"仁"的典故和故事很多,比较有名的一个叫作"情同朱张"。

东汉的时候,河南南阳有两个人,一个叫朱晖,一个叫张堪。张堪很早就知道朱晖很讲信义,很讲信用,但是并不认识。后来,两个人都去了太学,成为了同学,但来往也算不上密切,更谈不上所谓的酒肉朋友。

同学了一段时间后,两个人都学业有成,要分手各回各家时,张堪突然对朱晖讲:"今天,我们俩同学的缘分到了,要分头回家了,我有一事相托。"朱晖摸不着头脑,就看着张堪问:"你要托我什么呢?"张堪就讲:"假如有一天,我因病不在了,请你务必照顾我的妻儿。"当时两个人身体都很好,朱晖就没当回事,也没有做出什么承诺。

分手后不久,张堪果然英年早逝,留下了妻子和孩子,生活得非常艰难。消息传到了朱晖耳朵里,朱晖就开始不断地资助张堪的妻子和孩子,年复一年地关心他们。

朱晖自己的儿子很不理解,就问爸爸:"您过去和张堪没什么交往啊?怎么对他的家人如此关心呢?"朱晖说:"是的,我的确跟张堪不是相交很深,不是来往很密。但是,张堪在生前曾经将他的妻儿托付给我。他为什么托付给我,而不托付给别人呢?因为他信得过我。我怎么能够辜负这份信任呢?虽然我当时没说什么,可实际上在心里已经承诺了。所以,我要守信,履行对张堪的诺言。"后来,人们把两个人关系好形容为"情同朱张"。

这个故事更多地反映出古人在交往中的"仁义"观。

另外一个故事叫做"周郑交质"。

◎ 古代壁画《周郑交质》

周天子设了两个卿士。所谓卿士就像我们现在说的左右宰相。周天子有什么国事就向这两个人请教。当时的周天子是周平王,两个卿士一个叫虢公忌父,是周平王的叔叔,另一个就是郑庄公。

郑庄公有一段时间没有去周天子的宫殿,所以周平王有一天就把虢公叫来,说:"这个郑庄王天天不来,要不这两个卿士你一个人担着?"虢公当然推辞了。

事情传到了郑庄公的耳朵里,第二天郑庄公就来找周平王,说:"我这个人没什么才干,这个卿士的位置我也不要了。请陛下你收回。我就在我的国家好好当国君好了。"周平王忙说:"朕天天盼着爱卿过来,你怎么突然说不干了呢?"郑庄公就回答说:"我的才能比虢公差远了,陛下就要他一个人干就好了。"周平王一听,脸上就有点挂不住,觉得有点理亏,于是说:"看来卿家是怀疑朕的诚意。这样吧,我叫太子狐到你郑国去当人质,如何?"郑庄公听到这话儿,也推辞了一番。

后来虢公出了个主意,说:"郑伯你不是也有个儿子吗。这样子,两边交换一下人质。周平王的儿子到你郑国去,你郑伯的儿子到我洛阳来。这不就扯平了吗?"郑庄公一听,就答应了。这就是历史上著名的周郑交质。

这个故事也反映了当时人们对"仁"的观念。

以"义"为准绳

儒家学说除了以"仁"为核心思想之外,还有一个重要的价值准绳——"义"。

人的内心要重视德,要爱人,但是,如何来确定人的行为是否符合"仁"的精神呢?"义"理所当然地成为了它的标准。

孔子在《论语》中多次提到了"义",如"*君子喻于义,小人喻于利*"、"*君子以义为上*"等。

到了孟子,他着重宣扬人的善性,不仅崇尚仁,而且崇尚义。他也曾效仿孔子周游列国,用仁政的学说游说各国诸侯,受到许多国君的礼遇。晚年,他不再出游,而是和学生一起专心著书立说,编成了《孟子》一书。

孟子被儒家称为"亚圣",其地位仅次于孔子,主要是因为他的思想和学说对后世的影响较大。《孟子》一书也被列为"四书"之一。

说起"义",还会让人联想到桃园三结义的故事,这个故事最初是小说《三国演义》里记载的,述说当年刘备、关羽和张飞三位仁人志士,为了共同干一番大事业的目标,意气相投、言行相依,选在一个桃花盛开的季节、一个桃花绚烂的园林里举酒结义、对天盟誓。

以"礼"为行为规范

儒家思想特别重视德政,重视自省,而在行为上的表现就是讲求"礼"。

孔子在《论语·为政》中说:"道之以政,齐之以刑,民免而无耻;道之以德,齐之以礼,有耻且格。"就是说,如果只靠政令和刑罚来治理国家,虽然能使人避免犯罪,但不能使人懂得犯罪是可耻的;只有用道德去教化人,去引导人,并把"礼"作为人们的行为规范,才能使人既有廉耻之心,又能安分守己,心悦诚服服从于统治者。

◎ 儒者的言谈举止

在儒家早期的代表人物中,还有一个非常注重礼义的人物,那就是荀子。荀子,名况,字卿,战国末期赵国人。他曾经到齐国的稷下学宫讲学,三做学宫的"祭酒"(也就是领袖),是著名的"稷下先生"之一。晚年与弟子从事著书立说。荀子的著作是《荀子》一书。

荀子继承和发展了孔子关于"礼"的思想,把礼作为道德生活和社会生活中的最高的准则。

荀子更加强调礼的重要性,认为它是"道德之极""人道之极",是个人修身和治理国家之根本。他在《劝学》篇中说:"礼者,法之大分,类之纲纪也,故学至乎礼而止矣。夫是之谓道德之极。"在《礼论》中他也提到:"故绳者,直之至;衡者,平之至;规矩者,方圆之至;礼者,人道之极也。"在这里,他把礼看成了最高的行为准则。

对于以"礼"为行为准则,我们从春秋时"夹谷会齐"的故事中可见一斑:

鲁定公与齐景公要在夹谷举行盟会,孔子正任鲁国的代理国相。孔子对定公说:"臣听闻以和平解决国与国之间的争端,必定要有武力作后盾;以战争解决国与国之间的纠纷,也要有和平解决的准备。古代诸侯同时离开国境,一定要配备应有的官员作为随从,请君上配备左右司马随行吧。"定公接受了孔子的建议,配备了掌管军事的左右司马。

到了盟会的地方，除土为坛，上设席位，用土垒成三级的阶梯，宾主以诸侯会遇的礼节与会了面。宾主互相揖让着登上坛，又互相敬完了酒。然而，齐方却暗地里使人手执兵器，鼓噪喧呼，想要劫持定公。

当此危急之际，孔子立即登上阶梯，走向前，扶着定公退下坛来。随后，孔子对着鲁国的卫士们说："你们可以拿起兵器杀了他们。我们两国君主结盟，边远的东夷，战败的俘虏，竟敢称兵闹事，破坏两国友谊，这不是齐君对待别国诸侯的道理。边远的人不应参与中夏的政事，东夷之属不应干扰华夏的活动，俘虏不得干预盟约，兵士不得威逼友邦。以神道来说是不祥，从道德而言是违义，于人之交往是失礼。齐君必定不会这么做。"

◎ 夹谷会齐

齐侯听了很惭愧，于是挥了手让人退避下去。不久，齐人又演奏起宫中的音乐，还使歌舞杂技的艺人嬉戏于前，以此想戏弄定公。孔子见了，立刻上前，登阶而上，还有一个阶梯来不及登便高声说："匹夫荧惑侮慢诸侯，论罪当杀，请右司马赶快行刑吧。"于是斩杀了杂技艺人，手脚分散在不同的地方。齐侯不料有此结果，紧张起来，脸上露出了羞愧的颜色。

在将要正式订盟的时候，齐人又故意在盟约上加了一条说："如果不派出兵车三百乘跟着我军去征战，就要像盟约中所约束的那样。"

孔子也不甘示弱，使鲁大夫兹无还回答道："若不归还侵占我国汶阳之田，而要我军遵照出兵之命的，也同样受到盟约的制裁。"

之后，齐侯准备要宴会定公，孔子对着齐国的大夫梁丘据说道："齐鲁两国的传统制度，先生难道没有听说过吗？盟约已经订好，如果又要设宴来招待，不是太麻烦你们的官员么？而且牛形或象形的酒器，是在宗庙与官廷内用来祀神或宴宾的，不应当拿到野外来；飨燕的音乐，也是设于宗庙或官廷，不应到野外来合奏。宴会上如果配齐了这些东西，那就是丢掉了先王之礼；如果不配备这些东西，那就丝毫价值也没有。没有丝毫价值，我君会感到羞辱，丢弃先王的礼节，齐侯会因此背上恶名。您何不仔细考虑考虑？说到宴会，那是显示一种政治道德和政治风度的，如果显示不出来，那还不如作罢的好。"

于是，齐侯最终没有设宴来招待定公。等齐侯回到国内，为当日的事颇感到羞愧，便责怪他的群臣百官说："鲁人拿君子的道义去辅佐他的君主，你们却使用夷狄的办法来教唆我，使我犯下不少过失。"于是，齐侯便归还了过去侵占的鲁国四邑以及汶阳的田地。

由这个故事可以看出，"人无礼则不生，事无礼则不成，国家无礼则不宁"（《修身》）。

秦汉：儒家学说为主导的封建礼教建立

焚书罹患坑儒坏本

儒家学说为主导的封建礼教在秦汉时期得以确立。秦统一六国之后，围绕着分封制和郡县制、师古与崇今等问题，儒家与法家之间展开了一场激烈的斗争，公元前213年秦始皇为加强专制主义中央集权，采纳了李斯的建议，颁布了"收天下书不中用者尽去之"（《史记·秦始皇本纪》)的焚书令和挟书律,进行了一次大规模的焚毁儒学文化典籍活动——除了医药、种树、卜筮之书和秦国的史书外,其他各种文化典籍"皆烧之"。

"焚书坑儒"是对中华文化的极大破坏。秦始皇的一道政令,使许多的中华典籍消亡。我们可以想象,在两千多年前,在没有纸张,没有印刷术的情况之下,那一部部精心写刻在竹木简上的书籍是多么的珍贵,一把火就什么都没有了,这样的焚书,造成多少中国先秦文化典籍的失传啊。焚书坑儒这种极端专制的措施,给我们中华民族的发展进步造成了不可弥补的损失。

◎ 焚书坑儒图

在春秋战国时期,儒家学说的发展远盛于其他学说,而秦始皇建立秦朝主要是靠法家的思想学说,于是焚书坑儒就不仅是秦始皇个人的事情了,涉及了儒家和法家之间的争斗。秦统一天下后的焚书后坑儒,彻底改变了当时中国儒家学者的历史命运。

在秦朝的这种极端统治之下,言论不再自由,研究不再自由,思想不再自由,一种政治独裁、思想禁锢和文化专制取代了春秋战国时期的"百家争鸣"。

罢黜百家,独尊儒术

汉朝建立以后,汉初统治者吸取了秦朝灭亡的教训,但是对于确定什么样的统治思想及其理论基础,仍然处在摸索阶段。汉高祖初定天下,任用的大多是武将功臣,轻视儒家。文帝、景帝、惠帝等因崇尚"黄老之学"而采取无为而治的统治政策。在这种思想的指导下,汉初统治者采取了"顺民之情,与之休息"的休养生息政策,以此来适应恢复生产、稳定统治秩序的需要。

儒学在汉初几十年虽然没有成为正统学说,但毕竟获得了比秦代宽松的生存环境。特别是惠帝以后,先后废除了《挟书律》和《妖言令》,儒生们得以重新开始传授经典,为复兴儒学做出大量的努力,并且创造性地发展了儒家学说。在这方面,贾谊、董仲舒都有重要的贡献。

贾谊是汉文帝时人,著有《新书》。贾谊受荀子的思想影响很大,他提倡德育,主张"以礼为治"。他说:"以礼义治之者积礼义,以刑罚治之者积刑罚。刑罚积而民怨背,礼义积而民和亲。"这里就表明了礼仪和法令都有禁邪恶的作用,但礼义优于法令,更重要的是礼义还有劝善扶正的作用。人们在礼义所提供的外在行为规范和内在价值取向的约束和引导之下,必将"日近善远罪而不自知"。礼义的这一优势是法令所望尘莫及的。

董仲舒是西汉景帝武帝时期最重要的儒家学者,是《春秋》公羊学大师。他以阐释《公羊传》的形式提出一整套系统的政治学说,有《春秋繁露》一书传世。

董仲舒主张德教,即"以德化民"。他认为,"天生民性有善质而未能善",必须经过后天的教化,"后能为善"。王者则是"承天意以成民之性为任者也",其终极使命是"教化以成民性"。

在此基础之上,他主张应先用"先王礼乐"对百姓进行深入的教化,但重点不是制定礼乐制度,而是"显德以示民",即为人民做榜样。他认为只有"王者有明著之德行于世，则四方莫不响应，风化善于彼矣。"待教化成功，天下太平之后，方可制礼作乐，将教化成果固定下来。

董仲舒学说的最大特点就是注重强调制礼作乐之前的教化过程，制礼作乐是该过程的终点，"教化已明，习俗已成，子孙循之，行五六百岁尚未败也。"说的就是制礼作乐后的情形。

景帝武帝时，儒学复兴已经成为了不可阻挡的历

◎ 董仲舒像

史潮流。公元前140年初，汉武帝命群臣举贤良方正直言极谏之士。丞相卫绾上奏汉武帝同意采纳，这是罢黜百家之始。同年，在举贤良的对策中，董仲舒提出："诸不在六艺之科、孔子之术者，皆绝其道，勿使并进。"公元前136年，汉武帝罢黜秦朝所立各家博士，专立儒学五经博士。第二年，武帝起用专研儒术的田蚡为相。田蚡罢黜不治五经的太常博士，把黄老刑名百家之言排斥于官学之外。武帝下诏"罢黜百家，独尊儒术"，正式确立了儒学礼教在封建意识形态中的独尊地位。

宋朝：理学体系形成，儒学礼教复兴

北宋后期，出现了以"三纲五常""三从四德"为准绳的伦理道德思想标准体系——理学。理学思想被制度化后，形成的封建礼教得到普遍认同并传播，儒家思想得以

复兴。

理学体系形成

汉代以后,儒学的发展陷入了深刻的危机,受到前所未有的冷落,儒学独尊的局面在东汉以后开始崩溃瓦解。魏晋玄学思想开始发展。这种玄学思想上承了先秦两汉的道家思想,而且克服了汉代经学注经烦琐的弊病,开创了糅合儒道学说的一代清新学风。

◎ 柳荫高士图

佛教传入中国以后,更有力地冲击了中国本土传统的思想和文化。于是魏晋南北朝时期,儒、玄、道、佛开展了相互冲突、相互排斥、相互吸收、相互融合的文化整合运动,使中国的传统思想文化得到了多角度的发展与深化。

隋唐时期是中国宗教发展的重要时期。中国佛教宗派创造性地发展了印度的佛教,并发展成为中国传统思想文化中不可或缺的有机组成部分。由于唐朝的攀附,道教也获得了极有利的发展,宗派纷呈。另外唐代还新传入了一些外来的宗教。而儒学在唐代中后期则开始酝酿复兴。韩愈、柳宗元倡导的古文运动也极大地推动了儒学的发展。于是唐代呈现出一种三教并流、融合的强大的潮流。

到了北宋初期，阶级矛盾日益尖锐。北方的辽和西夏威胁着北宋的统治，民族矛盾也相当严重。为了适应加强封建统治的需要，儒学在批判吸收佛道思想的基础上，以理学的形式得到了复兴，并且逐步取得了学术上的正统地位。

理学又称道学，是北宋后期出现的一种特殊形态的儒家哲学，由于它继承和发扬了先秦孔孟学派的"性命义理"之学，以理、欲、心、性为论学对象，所以被称为"理学"。

理学自周敦颐开山后，又有张载、邵雍等人的推动，到程颢、程颐兄弟最终完成。理学主要讲究天道、人性和修养目标及修养方法。

南宋以后，理学因朱熹而得到了极大发展，最终建立了一个比较完备的客观唯心主义理论体系。朱熹认定"理"先天地而存在，把抽象的"理"升华到永恒、至高无上的地位。而以陆九渊为代表的主观唯心主义与程朱理学分庭抗礼，创立了心学，主张心即是理。

◎ 程颢、程颐兄弟像

张载是北宋时期理学的创始人之一，他继承和发展了中国古代气元论学说，认为气是万物的本源，整个世界都是由气构成的。气是最高的实体，道是气化的过程，即"气本论"。他强调人们应该通过修养功夫，克制自己的"耳目口腹之欲"，就可以变化气质，保存天地之性，恢复先天的善性。

朱熹继承和发展了二程的伦理思想，集封建伦理思想之大成，建立了以"三纲五常"为核心的伦理道德思想体系，成为继孔子之后对我国封建社会影响深远的思想家。

伦理观念：三纲五常

"存天理，灭人欲"是程朱伦理思想的核心，也是封建礼教的道德准则。对于天理和人欲，在程朱看来，天理和人欲是绝对对立的，私欲灭则天理明。"天理存则人欲亡，人欲胜则天理灭，未有天理人欲夹杂者。"(《朱子语类》卷十三)为此，程朱提出存天理灭人欲的主张，认为只有革尽人欲，方能复尽天理。

为了论证"存天理，灭人欲"的合理性，朱熹把"三纲五常"进行了不切实际的宣传，将其抬高到吓人的程度。他把"三纲五常"说成是充斥于天地之间的最高法则。这样一来，三纲五常不仅成为人类社会最高准则，而且也成了自然界即天地万物的最高主宰。

朱熹还把三纲五常看作一个无所谓存亡加减的永恒定律，也就成了一个万古长存的宇宙精神。他说"三纲五常，礼之大体，三代相继，皆因之而不能变"(《四书集注》)。这样一来，三纲五常既约束着人的思想，又规范着人的行为，成为封建礼教的教条准则。在这种约束之下，人们必然消除对物质生活的种种追求和欲望，安分守己，不敢犯上作乱。这也就维护了封建统治者的利益，于是成为统治中国几百年的礼教准则。

女性观念：三从四德

中国商周时期就开始有了男尊女卑的观念，强调"男女有别""天尊地卑"。到了宋代，经过程朱理学的发展，封建礼教更给女性套上了精神的枷锁。"三从四德"的观念使广大妇女的社会地位降到了最低的程度。

"三从"指的是女子"在家从父，既嫁从夫，夫死从子。""四德"指的是妇女要谨守"妇德、妇容、妇言、妇工"。在这种礼教之下,妇女几乎没有任何社会地位,男女之间极度不平等。

这种不平等主要表现就是婚姻上的不平等。具体体现在两个方面:一方面是未嫁的女子必须听从"父母之命,媒妁之言",不得私定终身,否则就是败坏家风,有损祖德,要受到十分严厉的处罚。另一方面是已婚的妇女要"从一而终""嫁鸡随鸡,嫁狗随狗,嫁个扁担抱着走。"表现在丈夫活着的时候要做贤妻良母,相夫教子,丈夫死后要独守贞操,终生不得改嫁。即使是家境贫困,无依无靠也应该守节至死。

到了宋朝的末期,妇女"节守贞操"逐渐成为一种风气。为此,统治者又对那些以牺牲自己的人身权利为代价而独守贞操的青年妇女或立志守节、不甘受辱而殉身的女子大加表彰,为她们树立"贞节牌坊"或者"烈女碑",并记入史册,以使全社会学习这种精神和行为。

在这种封建礼教的束缚下,广大女性思想被禁锢,行为被约束,理想被埋没,才智被压抑,爱情被摧残,生命被戕害。

礼的机械化——礼教

到了宋代,礼逐渐走向教条化。宋代的理学家认为,由于卜古宗法制度的破坏,造成了社会秩序的混乱和道德的失衡,因而需要重新建立起宗法制度。这些制度化的理学思想就形成了封建礼教。这种礼教得到统治者的支持,于是以国家法律法令的形式被固定下来的礼教在社会上被普遍认同并传播,中国社会的礼治变成了礼的教条。礼教开始影响中国社会长达近千年的时间。

明清：家庭礼制完善，封建礼教衰微

到了明清时期，西方文化开始传入我国，极大地冲击了儒学的地位。至清朝晚期，封建礼教开始衰微，出现了多种文化交流融合的局面。但由于全面实行以儒学为考试内容的科举制度，士人死读书，只学到了礼的制度化、形式化的东西，导致礼的凝固化。同时，各种儒教思想深深植根于家庭教育中，又形成了束缚人们行为的家庭礼制。

西学东渐，中学成熟

近代早期西方文化输入我国，是伴随着海上贸易和耶稣传教士的传教活动而开始的。15世纪末，随着新航路的开辟，欧洲商人、传教士大量东来，他们不仅给中国人带来了欧洲的宗教神学，同时也将新的世界观和西方的自然科学知识传播到中国，打开了部分中国士人的眼界，这就是西学东渐。在西学东渐中，来华传教士利玛窦占据着核心地位。

◎ 利玛窦像

利玛窦之所以重要，主要有以下原因：一是他通过摸索，制定出了一套颇具示范性的、适应中国文化的传教策略，使得西学在中国的传播成为可能；二是他留下了大量有价值的中西文著述，对

西学东渐做出了重要贡献。

利玛窦在传播西方文化的时候,对礼仪制度进行了调和与变革。他认为祭祖、敬礼是中国社会非常重要而且沿袭已久的传统礼仪,而不是宗教礼仪,中国的祭祖是维系孝道的一种重要的习俗,而且从基督教的立场来看,这不是偶像崇拜,不是非排斥不可的宗教仪式。对于敬孔,他认为中国的读书人"为了感谢他在书中传下来的崇高学说,使这些人能得到功名和官职。他们并不念什么祈祷文,也不向孔子求什么。"于是他尊重中国人的祭祀习俗。同时他还以儒家经典中的天、上帝来称呼天主教的天主,认为二者异曲同工。

当时来华的传教士中,比较有影响的还有艾儒略、熊三拔、汤若望等人。借助于这些传教士而得以传播的西学,涉及的范围也相当广泛,其中包括天主教哲

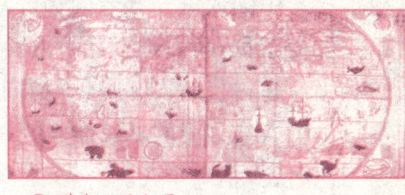
◎ 堪舆万国全图

学、古希腊哲学、伦理学、语言学、逻辑学、地理学、美术、音乐、西洋火器、历算、数学、水利、建筑、医学、生物学等。因此可以说这是一次全方位的和平、平等的西学东渐。

清初,由于传教士延续了利玛窦的学术传教策略,再加上康熙皇帝热衷于西学,一些士大夫上行下效,因此虽然有清初的禁教,但西学东渐达到了前所未有的高潮。皇帝推崇西学,朝廷上下研究、传播、运用西学成为一时的风尚,西学对于中国学术思想的发展起到了不可忽视的推动作用。

西学热如火如荼的情况,而中国的儒学则受到了极大冲击,封建的礼教开始衰微,中国出现了多种文化交流融通、异彩纷呈的局面。到了清朝晚期,随着洋务运动的开展,西学东渐成为不可阻挡的潮流,进入了中国的各个领域。

第二节 魅力独特的礼

尊老尚齿

中国人讲究尊老尚齿。尊老是指对老者或长者的尊敬与敬重;尚齿是指对年长者要尊崇,以礼相待。

在古代,尊老尚齿所指向的人群包括:依照家族谱系上的行辈划分的本家族中的长辈;以年龄来划分的年长于己者;专指老年人。

那么,古人为什么如此重视尊老尚齿之行呢?其原因有:一方面,从客观的角度来说,人到了一定年龄,身体逐渐衰弱,需要社会给予更多的关爱,这是必然。另一方面,老者,他们一生操劳,为家庭、社会奉献出了自己的才智,老有所养,老有所终,这是应得的回报。而且,年龄标志着一个人的人生经验和智慧,也标志着一个人思想道德水平的高度。对其尊崇,可以让其在安度晚年的同时,老有所用,为社会发挥余热。最重要的是,统治者用礼制来规定尊老尚齿的根本目的是为期政治服务。统治者期望的是万民顺从,天下大治的景象。而顺由敬生,有了敬意、恭敬、尊敬,才会有顺从。百姓敬顺父母,进而敬顺天下父母尊长,最后达到对统治者的敬顺,便可形成一个恭顺有序的天下。

古人尊老尚齿的人群范围极为广泛,由天子到百姓,无所不及。

第三章 古之礼,承千载

◎ 二十四孝图

礼之道，孝为先

孝道思想是中国古代儒家伦理道德规范的核心内容，

也是人们立身处世的依据。早在汉魏时期就已出现大量以孝子事迹为题材的杂传,书写通俗、内容浅显,很好地对儒家的孝道思想进行了通俗化的宣传。《二十四孝》由元代郭居敬辑录古代二十四个孝子的故事编撰而成,上自帝王,下到平民百姓,且绝大部分在历史上确有其人,增加了孝行的可信性。

  比如,书里第一个故事说的就是古代帝王舜的故事。舜是五帝之一,姓姚,名重华,号有虞氏,史称虞舜。相传他的父亲瞽叟及继母、异母弟象多次想害死他:让舜修补谷仓仓顶时,从谷仓下纵火,舜手持两个斗笠跳下逃脱;让舜掘井时,瞽叟与象却下土填井,舜掘地道逃脱。事后舜毫不嫉恨,仍对父亲恭顺,对弟弟慈爱。他的孝行感动了天帝。舜在厉山耕种,大象替他耕地,鸟代他锄草。帝尧听说舜非常孝顺,有处理政事的才干,就把两个女儿娥皇和女英嫁给他;经过多年观察和考验,选定舜做他的继承人。舜登天子位后,去看望父亲,仍然恭恭敬敬,并封象为诸侯。

  《礼记·祭义》中谈论了社会各个方面尊老尚齿的具体行为,并指出:尊老尚齿出于孝悌之心。全国上下,由天子倡导,人人尊老敬长,形成良好的社会风气,政局才能够得到全民敬顺,和谐有序。

敬老恭让

  恭让,含有谦谨、恭敬、礼让之意,其实质体现了一个"敬"字,即通过恭恭敬敬地"让"这一行为,来表达对他人的"敬"。上至天子,在生活中的一些细节上,也体现了恭让敬老的美德。天子在巡游的路上遇到老者,会停下车向老者行轼礼;天子巡狩,到了一国,要先会见百岁老人等。

  这种恭让、谦敬,又常以礼仪示范的形式体现在一些礼仪活动中。如在乡饮酒礼中,首先要从老者中选出一位贤能且德高望重之人做主宾,其他老人为众宾。仪式从邀请主宾开始,到行饮酒之礼结束,恭敬、谦让、拜谢的礼节时时得到体现。

◎ 明代冯氏石棺孝行图

仪式开始时,主人要迎于庠门之外,"三揖至于阶,三让以宾升"。五十岁以上的人虽已被纳入老年人的行列,但是为了明示尊敬长者的礼仪,在乡饮酒礼上,仍要站立聆听教诲,以与六十岁以上的人形成对照。《论语·乡党》篇说到:"乡人饮酒,杖者出,斯出矣。"这是说,在这个礼节仪式上,手有王杖的老人离开,别人才能离开,否则就是失礼。

养老之礼

养老之礼有两重含义:一是指一种养老的礼仪活动,这种活动是由国家各级行政机构为老者定期举行的。如天子所行的养老礼和以尊老尚齿为宗旨的乡饮酒礼都属于此类。二是指具体的养老礼节,即在日常生活中,给老者提供一些衣、食、住、行及政治活动等方面照顾和优待的礼节。古代对年高德劭的老者按时饷以酒食而敬礼之的礼节。

日常生活中具体的养老礼节主要是对老人的照顾和

优待,从心理上予以安慰。
曾子说:"孝子之养老也,乐其心,不违其志。乐其耳目,安其寝处,以其饮食忠养之,孝子之身终。"说的就是赡养老人,不仅在饮食方面要发自内心地照料,并使其起居安适,更要愉悦其耳目,令其内心快乐。这样做才是真正的孝子。

◎ 贾政夫妇亲侍奉贾母就医图(《红楼梦》插画)

《弟子规》中还讲到"亲有疾,药先尝,昼夜侍,不离床",说的是父母生病时,要不离不弃,衣不解带的侍奉在床边。侍奉父母服用汤药,则要亲口尝过,确定汤药不冷不热,才放心让父母服用。这也体现出了古时的养老之礼。

《礼记·祭义》曰:"古之道,五十不为甸徒,颁禽隆诸长者,而弟达乎搜狩矣"。这是说,在田猎时,五十岁以上的人就不再充当差役。而分配猎物时,年长者则应多分。

礼尚中庸——适度的礼

中国礼仪除了讲敬老,还讲究中庸。

中庸思想在儒教中占据着主导地位,它要求人们行礼、做事都要适度,既不得过于奢侈,亦不可过于俭省。在对待先祖神灵及其他尊长的态度上,既要做到谦恭、虔敬,又要谨慎、得当,同时,对长者,顺从也要适当,做到敬而无失。

首先奢俭适度。在行事或举行礼仪活动时,可以有必要的纹饰。但纹饰太过就是奢,纹饰不足便为俭。真正合乎礼的做法是奢俭适度。祭祀的仪式规模不可求大,不可特别偏爱喜庆的礼仪。牲的规格并非越肥大越好,供品的种类也不是越多越好。如果士祭祀的时候使用卿大夫才可用的太牢,就等于盗窃,且被视为僭越的行为。相反,像齐景公的宰相晏平仲那样祭祀时只用一只小得盖不上碗的猪腿,着洗过多次的旧衣帽去上朝,难以体现其诚与敬,也是不合于礼的。

其次敬而无失。《孝经·广要道》也说,"礼者,敬而已矣"。故"敬其父则子悦,敬其兄则弟悦,敬其君则臣悦,敬一人而千万人悦。所敬者寡而悦者众,此之谓要道也"。可见,古人治礼以敬为要义,并在礼仪运用过程中使之得以体现。国君祭祀时要行再拜礼,俯首至地,要脱掉左臂衣袖来宰割牲体,以表示对神灵极端的尊敬、彻底的服从。君臣共进饮食,君若以爵赐臣,臣要离开席位,对君行再拜礼。儿子如与父母不在同一宅院居住,就要在天微明之时动身向父母请安,把美味甘甜的食物孝敬给父母。诸侯相见,三请三让后才得入府。以上种种现象皆体现出恭敬之情。

春秋时期的一个叫孙元觉的小孩儿就曾经给人们做出了敬而无失的表率。他十分孝顺长辈,可他的父亲对祖父极其不孝。有一天,父亲竟然要把病弱的祖父扔到深山里去。孙元觉哭着跪倒在父亲面前,恳求他不要这样做。

◎ 孙元觉劝父图

可是父亲却哄骗他:"爷爷年老了,年老不死会变成妖怪的。"来到了山里,父亲把爷爷放下就要离开。孙元觉一声不吭地背起装爷爷的竹筐,父亲不解,孙元觉说:"等到你老了,就能用上它了。"父亲一听,大吃一惊,最终改变了主意,重新把爷爷接回了家。孙元觉没有顺从父亲,但使祖父免去了余生的悲惨,使父亲免去了弃父荒野而遭世人唾骂的不义之举,这虽是不顺,却是大孝大敬。

另外,孙元觉能使父亲改变主意,不仅在于他对长辈的孝顺,也在于他的聪明机智。因此,在行事之时,敬与顺是主旨,灵活变通亦不失为实现主旨的好的方式。

古人又云:"*君子敬而无失,与人恭而有礼。*"(《论语·颜渊》)这是说待人谦恭有礼,而且虔敬、谨慎才不会有过失,这样才可称为君子。

容仪有整——外表的礼

在古代,有礼首先表现在外表上。古人认为,一个人的外在修养,是一切礼的开始,也是一个人内在修养的外在表现。自身修养好了,才能够立足于社会,才会成就大的事业。

孔子说:"不学礼,无以立。"说的是一个人缺少礼的修养,便没有立足之处,更不用提在社会上有所成就了。正所谓"凡人之所以为人者,礼仪也"。

而学礼,应该从何处着手呢?"*礼仪之始,在于正容体、齐颜色、顺辞令。容体正、颜色齐、辞令顺而后礼仪备,以正君臣、亲父子、和长幼,君臣正、父子亲、长幼和而后礼仪立。*"(《礼记·冠义》)

首先要严格要求自身的仪容、仪态、言谈举止。只有仪容端正,表情庄肃,说话和顺,君臣的名分才能够得以确立、父子才会更相亲相爱,长辈晚辈才能和睦相处,礼仪才能成立。因此,古人重冠礼,在冠礼中,要三次加冠,每次都要端正其容仪,并换上与冠相配套的服饰。其目的就是通过这样的仪式,使冠者"容体正、颜色齐、辞令顺",从而重视其自身角色的变化。另外,古人把容仪言行是否符合礼仪标准作为考察一个人修养好坏、能否拥有某些社会权力的一个必要条件。

生活中如此,对于官场更是如此。《礼记·表记》曰:"上不渎于民,下不亵于上。"这是说身处高位对百姓有威仪尊严,于低位者亦必不敢对其有所亵慢。相反,处高位者,如果轻狎侮慢,失去庄重之态、恭敬之心,那么即便是以"死"来威胁,百姓亦不会畏惧。可见,自我不注重容仪言语辞令的修养,是对他人的不尊,同时也得不到他人的尊重。

仪表,它是人的静态外观,包括人在服饰、容貌等方面的表现。符合礼的仪表,应该是严整洁净、端庄恭敬而得体规范。

严整、洁净,这主要就衣冠鞋袜而言,是最起码的为人礼仪。在古礼中这方面的要求多而细致。《弟子规》说到,帽子要戴端正,衣服扣子要扣好,袜子要穿平整,鞋带应系紧,一切穿着以严整、端庄为宜。

端庄恭敬,这既体现在服饰穿着之上,亦体现在神情神态之中,以这样的仪容与人交往,可观、可尊,而且无声地传达着对他人的尊重。

古代对女子仪容仪态的要求更严格。这在"三从四德"之"妇容"上得以充分体现。郑玄注:"妇容谓婉娩。"婉娩,表示仪容柔顺。班昭认为:"盥浣尘秽,服饰鲜洁,沐浴以时,身不垢辱,是谓妇容。"这主要强调的是女子的清洁。蓝鼎元《女学》更是繁苛杂琐:"妇容,贵端庄敬一,婉娩因时,则有若事亲之容,敬夫之容,起居、妊子、居表、避乱之容。"他要求妇女在不同情况下和不同环境中要有不同的仪容。

综述而言,得体规范,这主要表现在衣着、情态要适合身份、地位、场合,符合礼的规定。

所着服饰,洁净、素朴、雅致为宜,不可盲目追求华美,亦不可另类。另外,戒诡异。更重要的是,衣着服饰的穿用,还要根据性别、身份、所处的场合等情况而有所不同。

以性别定服饰,不得有所差池。孩子刚开始学说话时,要给男孩佩戴皮制小囊,女孩则佩戴丝织的囊。

对于官员,天子制定了五种服饰制度,各有尊卑等差之别。这五种服制为天子、诸侯、卿、大夫、士等。各级职官着服一定要与自己的官职相符,不得僭上逼下。除穿着外,神情神态等也需要得体,也就是说,要与身份、所处境况相符合。

仪态主要指的是人的动态外观,即人在行、走、坐、卧与视听等一切行为举止方面的具体表现。"**非礼勿视,非礼勿听,非礼勿言,非礼勿动**"(《论语·颜渊》)便是它的原则。因此,轻浮、狎亵为其禁忌。从其特点看,概括地说,从容端庄、谨慎恭敬、有度合宜符合礼的形态。

从容端庄,"**坐如钟,站如松,行如风,卧如弓**"是古人所倡导的正确行止之仪态。这与《韩诗外传》中所说的"**立则磬折,拱则抱鼓,行步中规,折旋中矩**"异曲同工,皆强调行走坐卧之合乎规矩的端正之态。

谨慎恭敬,古礼中对人举止行动的规定可谓细致繁杂,却无一不体现恭敬谨慎之态。认为唯有以礼为标准,有礼有节才合宜。礼数的多少应以地位的尊卑作为依据。凡事只要依礼而行,便不为过。

品性德行是指仪态有度合宜,在对于笑的规定中亦得以体现:父母病时,笑不露齿龈。为人子,不随意嬉笑。丧礼上,不可笑。手执引棺的大绳时不能笑。

言语辞令,它是人与人沟通的重要工具,是人际交往的桥梁。同时言语辞令又常常是一个人内心修养、为人处世态度的外化表现。言辞符合礼法便会赢得他人的尊重和亲近,以至信任,甚至也会有助于安身立命。但同时,言辞又如刀箭,"出言不当,反自伤也"。因此言辞的使用宜慎重、得体,不可轻言妄语。

第一,言语辞令宜悦耳怡心。第二,言语辞令宜道人善,勿揭短。第三,言语辞令宜谨慎。这点古人极其重视。原因是一方面言行谨慎是人的稳重端庄使然;另一方面也体现了古人明哲保身的思想。第四,言辞诚信。

称谓的谦敬与避讳

人际交往中要使用称谓,有了称谓,彼此沟通才更加方便。但称谓又不可太过随便,它要传达出自身的谦卑谨慎及对他人的尊重。这样便有谦称与敬称之分。另外,在称谓的使用中还要注意避讳,这既是对对方的尊重,也可以避免给自身带来不必要的麻烦。

谦称,一般用于称呼自己及与自己有关的人与事物,常常以含有微小、卑下、低贱之意的言辞来表达谦逊、尊重。概括起来大致有以下几种情况:

自称己名以示谦卑。古人有名、字、号。名是幼时由父亲所取,供长辈、尊者呼唤。字是成人时由尊长所取,供同辈或晚辈称呼。交往中,通常自称己名,表示谦卑和对他人的尊敬。

用地位低下者的称谓来自称,表达谦卑。臣、仆、小人等为男子自称;妇女往往用妾、婢、奴、奴婢等自称以表谦卑。可以说,谦称就是用贬低自身的方式来抬高对方身份、地位,以表示尊重。同时,这样做又可以令对方得到心理上的满足,为交流能够顺利进行打开一扇门。

敬称,也叫尊称。用来称呼对方的敬辞,一般多用于社交场合或书信之中。

称他人的字以表示尊重。交往中,称平辈或受尊重之人的字是尊重的行为,而称其名则显得失礼。《礼记·曲礼》中就规定,国君对上卿或世妇、大夫对世臣或侄娣、士对管家和有孩子的妾皆不可直呼其名。有时为了表示尊重,名与字都不称呼,而称其别号。如称陶潜为五柳先生,称苏轼为东坡。此外,有人认为称呼别人的字、号还不够尊敬,于是就以其官职、籍贯来称呼,如杜甫被称为杜工部,称韩愈为昌黎先生。用含有美好、尊贵之意的词语加在所指称的人或物前表尊重。如令、尊、贤、贵等词放在其他词前,组成令爱、令女、令郎、令尊、令翁、尊府、贤弟、贵府等含有尊敬之意的称谓。另外,对有学问、有德行的男子常常以"子"来表尊称,如孔子、孟子等。谦称与敬称之间,很多词语构成反义,一方面贬损自己,一方面抬高他人,这就是交际之道。

避讳是一种文化习俗,在人际交往中,避免某些不祥或禁忌的字眼,是对对方的尊重,同时也可以避免不愉快和不必要的麻烦,甚至不良后果。因此,《礼记·曲礼》说"*入境而问禁,入国而问俗,入门而问讳。*"

从情感的角度,又可把避讳分为敬讳与恶讳两种。

避讳的方式很多,大致可归纳为换字法、空字省字法、缺笔法等几种。

换字法,即以同义字、近义字或近音字等来替代应避讳之字,这是最常使用的方法。如汉明帝叫刘庄,当时就把《庄子》一书改称为《严子》;唐朝人为避太宗李世民的讳,把"民"字改为"人"。

空字省字法是将应讳之字空着不写,代之以空格、方框等,或干脆将此字省去,或以"某""讳"等字代替。

缺笔法,就是在遇到应避讳之字时,直接将该字少写一笔两笔,表示自己并未犯该字之讳,而同时又不影响行文达义。

避讳虽有可取之处,却也有它消极的一面。如明武帝朱厚照,曾发文全国,禁止养猪、杀猪,给百姓生活带来不便;另外改字、空字,也对历史文化的传承起了消极作用。如王昭君为避司马昭的讳而曾经被改称为王明君。如不了解避讳之习俗,很可能对历史的理解产生偏差。

礼有等差——不同的礼

古人云"名位不同,礼亦异数",并以礼器来"名贵贱,辨等列",这都体现出了"礼有等差"这一特点。古礼规定,根据地位、辈分的不同,所行的礼数、所受的礼遇也都有区别,不得僭越与缩减,否则即为失礼。

◎ 就餐时体现出的等级(韩熙载夜宴图)

孔子在《礼记·表记》中说,按照爵位排列次序来区分贵贱等级;安排各项职事来辨别才能的高下;宴饮时按照年龄来排座次,是为了区分长幼的次序。正因为有了贵贱、高下、尊卑、长幼的区别,才使家庭、社会呈现和谐、有序的状态,从而促进社会发展和国家的长治久安。

因此,古代统治者须按照等级差别来制定礼仪,日常生活中的吃穿用度、言谈举止以及政治生活中的行事交往都以礼的等差形式被规定着。可以说,礼的等差是古礼重要而鲜明的特征。

第三节 异彩纷呈的礼

祝祈福祥之斗——吉礼

古人认为,天地间的神鬼主宰着人世间的一切,也包括国家的兴衰存亡。如果人们以恭恭敬敬的态度,向神鬼奉上美好的食物、器物等供其飨用,那么神鬼便会满足人们消灾降福的祈求,并且可以保佑人们的安康以及国家的安宁与兴旺。因此说,祭祀之礼是祝祈福祥之礼,为吉礼,在古代占据着重要的地位。

祭祀对象

历代以来,人们都是把安邦定国、抚民畜生有功者确定为祭祀的对象,目的是追怀其功绩,以表示对其崇敬、报答的情意。古代人祭祀的对象主要包括天神、地示、人鬼三大类,每类中又有等级之分。

天神又分为三个等级,即昊天上帝、日月星辰和司中、司命、风师、雨师。

昊天上帝,亦称皇天上帝、上天、天帝、天父、皇天等,是

◎ 风师、雨伯像

主宰一切宇宙万物的最高神灵,人们相信上天控制着整个世界,可以为人间降福,同时也会惩罚有罪的臣民。

日月星辰明于上天,其光明即为上天之光明,而且,其普照万物、供人仰望,所以人们亦予之以敬重。

地示,即地祇。亦分为三等,以尊卑为序。社稷、五祀、五岳为第一等;山林川泽为第二等;四方百物为第三等。

社,土地神。《礼记·郊特性》曰:"地载万物,天垂象,取材于地,取法于天,是以尊天而亲地也。故教民美报焉。"古人的生存依赖于大地,因此古人"亲地",并加以"美报",而且形成了对"后土"(与皇天相对)的崇拜,于是出现了土地神,人们对其予以敬奉。

稷,指五谷之神。养育人民,建立国家的物质基础是辽阔的大地和五谷物产,因此,古代的君主为了祈求国事太平,五谷丰登,每年都要到郊外祭祀土地神和五谷神。社稷便成为了国家的象征,后来人们就用"社稷"来代表国家。

五祀,即五行之神。它

◎ 社稷坛图

们与四时相配,祭之于四郊,又各有其配食之神。亦即《汉书议》所云:"祠五祀,谓五行金木水火土也。木正曰句芒,火正曰祝融,金正曰蓐收,水正曰玄冥,土正曰后土。皆古贤能治成五行有功者,主其神祀之。"

◎ 祈雨图

五岳,即东岳泰山、南岳衡山、西岳华山、北岳恒山、中岳嵩山。岳,即高峻的山的意思。古人认为,高山"峻极于天",而皇帝号称天子,因此历代皇帝都要亲临或派人到五岳祭祀。

山林川泽,为人类提供了生存的物质资源,因此也成为人们祭祀的对象。此外,天旱之时的雩祭,周代则"天子雩上帝,诸侯雩山川";汉代则"令县邑以水日雩社稷山川,家人祀户。无伐名木,无斩山林。"这是因为,山林川泽为地面之水源的缘故。

人鬼,这主要是对祖先的祭祀,但也包括对历代帝王、先圣、先师等的祭祀。

《周礼·春官·大宗伯》曰:"以肆献祼享先王,以馈食享先王,以祠春享先王,以礿夏享先王,以尝秋享先王,以烝冬享先王。"祠、礿、尝、烝为春、夏、秋、冬的祭名。也就是说,在四季皆要对先祖进行祭祀。

◎ 宋真宗祭祀图

祭祀方法

对于不同类别的神灵，古人祭祀的时间、地点、方式以及所用歌舞、祭品种类与规格等都各不相同，参祭者的身份也有区别。这和古人对自然界的认识及其等级观念有着极大的关系。同时，在古代的祭祀中，某些在功德等方面可为后代或世人之表者，则可与受祭对象匹配，得以一同受祭，称配祭。

在古代，只有天子才有祭天的资格。《礼记·王制》曰："天子祭天地，诸侯祭社稷，大夫祭五祀。天子祭天下名山大川。五岳视三公，四渎视诸侯。诸侯祭名山大川之在其地者。天子、诸侯祭因国之在其地而无主后者。"就是说，只有天子才有祭祀天与地以及一切神灵的资格，诸侯只能祭祀土地神、谷神等，大夫可以进行五祀之祭。天子宜祭祀天下的名山大川：祭祀五岳，用享三公的九献礼；祭祀长江、黄河、淮河、济河，用享诸侯的七献礼。诸侯可以祭祀其封地内的名山大川。天子诸侯还应祭祀在其境内的已经灭亡而没有后嗣的古代先王、先公。显然，古人的祭天之仪有着严格的规定。

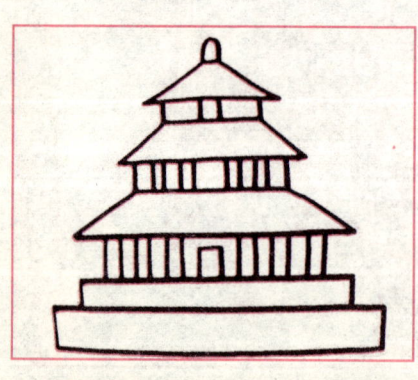

◎ 圜丘图

祭天，在时间、地点上皆有规定，即一定要于冬至日，在南郊举行祭天仪式。古人认为天阳地阴。冬至日，天气转暖，阳气上升，因此选择此日来与天神相交接。方位上，南方亦为阳，所以选择南郊，这也是顺应阴阳之义。

在祭祀之中常常离不开音乐与歌舞。从六乐所包含的意义来看,祭祀之时盛乐而舞,是为了能够感召众神,从而得以和合邦国、和谐万民、安抚宾客、悦服远人、兴盛万物。因此,古人祭祀之时,要"六变而致象物及天神",即乐舞要演奏六遍,使天地间的万物及上天皆被感召。

此外,在祭祀之前就要把乐舞教给国子,因此,六乐还有教育国子完善"六德"(中、和、祗、庸、孝、友)、学习"六语"(兴、道、讽、诵、言、语)的作用。

但是,并不是所有的祭祀皆奏乐歌舞。《礼记·祭义》曰,秋天霜露覆盖于大地之上,君子踏上这霜露,心中因秋将离去而想起离去的亲人,因此产生凄怆的感情,所以祭祀时不必奏乐;而春天雨露滋润大地,君子踏上这雨露,必然会有所触动,而疑惑将会见到死去的亲人,因而心中充满喜悦,所以祭祀的时候宜奏乐歌舞。

古人祭祀先祖必于庙中。

天子所立之庙包括父祖、曾祖、高祖之庙和祭祀始祖后稷的太庙(文王、武王以前先公之主亦藏于太庙),这都是每个月祭祀一次。而官师只有一父庙,祖父可以在父庙里祭祀。再往上则不祭。

普通的士和庶民没有庙,祭祀祖宗就在居室内进行。

向上祭祀,最远可到高祖,那么向下的祭祀也有规定。对未成年而死的子孙,天子可以往下祭祀到五代,即从嫡孙可至嫡来孙(玄孙之子称"来孙")。诸侯往下祭三代,大夫往下祭两代。适士和庶人只能祭到嫡子。对先圣、先师的祭祀为学校的立学之礼,以释奠礼为主。

所谓释奠,就是以陈列酒食的方式来祭奠先圣、先师。最初的释奠没有特定的对象,至汉代,先圣定为周公,孔子则为先师。唐代,罢周公,立孔子,并以孔子的得意弟子颜回为先师而配享。配祀先师者,最早为颜回一人,后世渐渐增至四配、十哲。

四配，指颜回、曾参、子思、孟轲四位配享于孔庙的杰出的孔门弟子。十哲，孔子用德行、言语、政事、文学四科来评定学生，其中颜回、闵子骞、冉伯牛、仲弓、宰予、子贡、冉有、季路、子游、子夏为优秀者，于是，这十个人便被视为孔子的得意弟子，唐代开始，祭祀孔子时，便以此十人为配享，称为十哲。至清代，增补到十二哲。

祭祀孔子的场所为孔庙，也叫夫子庙、文庙。孔子逝世后的第二年，鲁哀公将孔子的三间故宅改建为庙，收藏先师的衣、冠、琴、车、书册等遗物，每年定期祭祀。后经历代修缮、扩建，成为今日九进五重门的曲阜孔庙。魏晋南北朝时期，各政权分别于京城建孔庙，立孔子像，置放礼器，设乐祭祀。至隋朝庙学合一，孔庙便随州县学府遍布全国各地。

虔诚之祭

祭祀是极为诚敬之事，祭前则必斋戒。斋戒，含整齐之意，其目的是调整身心以达到整齐专一的要求。"斋者不乐"，就是指斋戒之时要防范邪物，遏制嗜欲，连音乐都不要听，从而集中心思，消除心中的一切杂念，只想合于道的事情。是时，手足亦不得乱动，而只能做合乎于礼的事情。

古代君王斋戒一般为十天。先以七天稳定心思，称为散齐。这七天，重在收敛心性，整齐身心。

散齐后，再用三天的时

◎城隍庙图

间对身心来做最后的调整,称为致齐。致齐三天必须昼夜居于室内,散齐的七天则可以外出。

在致齐的日子里,要时时思念死者生前的起居、谈笑、思想、爱好、口味等,这样,致齐三天之后,则会仿佛亲眼看见所要祭祀的祖先了;到了祭祀那天,进入室内,面对尸献祭之时,则会隐隐约约看到祖先的容貌,听到祖先的声音,这样,才能体现祖先的爱戴到了极点,虔诚之心到了极点。

祭祀之前,祭主要竭心尽力去操办。凡是天下生的,地上长的,水中产的,只要可以用来荐献的,都可以拿来做祭品。而且,天子与诸侯要亲自耕田,提供祭祀所需的谷物;皇后及国君夫人,则要亲自养蚕,提供祭祀所需的礼服。

此外,天子诸侯要在斋戒沐浴后,亲自查看祭祀所用的牲畜;祭祀之前,又要亲自选择毛色,进行占卜,得到吉兆后要加以特别饲养;每月初一、十五都要去巡视这些牲畜。如此尽心而又恭敬地侍奉神明,是不忘先祖的表现,是对先人的报答,这样的行为胜过千万教化之语。

通过祭祀之礼,祭主的言行,可以教育人们对外尊敬君王、长辈,对内孝顺父母。对于圣明的君主来说,虔诚、恭敬地举行宗庙社稷的祭祀之礼,可以使大臣们甘心服从,令子孙之辈学会孝顺。因此,古人称祭祀是教化的根本,即"祭者,教之本也"。

礼乐相和——射礼

射礼是中华礼仪文化的重要形式,是我们民族气质、性格、思想的重要表达载体,是华夏独特的人文景观。射礼讲究谦和、礼让、庄重,提倡"发而不中、反求诸己",重视人的道德自省,本质上是一种健康道德的巧妙导引方式,是华夏先民寓德于射、寓礼于射、寓教于射的珍贵的人文实践成果。

与其他礼仪样式相比,射礼中的等级观念、专制色彩等劣质部分相对较少。比如,主持乡射礼的是宾,而不是地方行政长官。宾是尚未获得官爵的处士,但德行卓著,由宾来担任射礼的主角,显然是为了提倡尊贤的风气。

人选一经确定,州长要亲自登门约请。行礼之日,州长要在序门之外迎宾。在射礼的三番射的环节,大夫身份虽然比较高,但射礼要求,他们也要与士一一配合为耦。这种不论等级身份、崇尚德行、讲究平等的精神在传统文化中是相当难能可贵的。

中国自武王克商之后,开始脱离神话时代、转向人本主义时代。儒家特别注重人的全面发展,认为人的精神与体魄都是由人自己主宰的。人类不仅要有健康的体魄,而且要有健全的精神。只有在健全的精神

◎ 汉代石刻上的射礼图

的前提下,体魄和技能才有价值。

因此在春秋时代,儒家铸剑为犁,在保留田猎之射的形式的同时,将射猎"饰之以礼乐",重塑了射击竞技运动的灵魂,将它改造成为富有哲理的"弓道",成为引导民众全面发展、社会走向和平的教化之具,这是中华文明对人类的贡献之一。儒家主张人类的和谐发展,所以在乡射礼中,不是胜利者,而是失败者要用大杯饮酒,不过饮的是罚酒,因为他们无论是技能还是德性都没有达标,需要警示。这是东西方文化的显著差别之一。

射礼分类

一是大射,这是天子、诸侯祭祀前选择参加祭祀人而举行的射祀;二是宾射,是诸侯朝见天子或诸侯相会时举行的射礼;三是燕射,是平时燕息之日举行的射礼;四是乡射,是地方官为荐贤举士而举行的射礼。射礼前后,常有燕饮,乡射礼也常与乡饮酒礼同时举行。

大射前燕饮依燕礼,纳宾、献宾、酬酢及奏乐歌唱娱宾,宴毕而后射。掌管大射礼仪的司射,袒露左臂,执弓挟矢到阶前请求射礼开始,有司将弓矢献给君王,并设置计算成绩的"中"和算筹,以及惩处违礼者用的"扑"。中是盛放算筹的器具,刻制成兽类跪伏之形,背上可容八算。按规定君王用"皮树中"(皮树是一种人面兽身的动物)"闾中"(闾是一种独角兽,如驴)和虎中。大夫用兕中,士用鹿中。

射礼的程序

备礼:做好举礼的各种准备工作。布置好场地,组织好参礼及观礼人员。把弓、箭、箅筹等器具搬到西堂下陈设好。司射、有司、射者在西堂下面向南列队站好。获者就位。主人在场地外迎接宾的到来。

迎宾:宾至,主人迎上,相互行揖礼入场登堂而立。

开礼:司射自堂西取弓及箭,登堂报告宾,"弓矢既具,有司请射"。宾辞让,对曰:"某不能。为二三子。"许诺。司射踏在阶上,东北面告于主人,曰:"请射于宾,宾许。"请注意,射礼全过程中,司射都需挟乘弓矢。如果弓箭匮乏,可不做强求。

配耦:司射把六名射者,将射艺相近者两两配合为一组,一共三组,分别称为上耦、次耦、下耦,是所谓"三耦",

每耦有上射、下射各一名。

纳射器：就是司射命令射者取纳弓箭用具。司射下阶,面向西命射者"纳射器"。上耦两人各取弓一把,箭四只。

倚旌：就是司射命令获者以旌旗为射者指示靶心的位置。司射命获者,"倚旌于侯中"。获者把旌旗倚靠在侯的中央,为全场指示箭靶中心的位置。司射命令三耦:"*依次而射,不得杂越!*"上耦脱去左手的外衣衣袖,在右手拇指上戴上钩弓弦用的扳指,在右手臂上套好护臂,左手执弓,右手的指间夹一支箭,另外三支插在腰带中。

诱射：即司射为众射者做示范。这其中有详细的礼节过程：由堂西行揖礼,然后进。到阶下时,北面行揖礼。踏上阶,揖。走上堂,揖。先将左足踩到射位符号上,面朝西,再扭头向南,注视靶的中部,表示心志在射箭,然后俯身察看双足,调整步武,最后开弓射箭,直至将四支箭全部射完。获者在其射完后,自乏后出,把箭取回,插到堂西的箭架上,然后返回原位。

一番射：第一轮射。第一番射是习射,所以不管射中与否,都不计成绩。上耦的两位射手上堂射击,按照司射的要求在射位站好,目光盯住靶心,等待司射的命令。司射在堂下命令道:"*无射获,无猎获!*"(意思是,不许射伤报靶者,不许惊吓报靶者)。上射向司射行礼后射击,射出一箭后,再从腰间抽出一支箭搭在弦上,然后由下射射。如此轮流更替,直到将各自的四支箭射完。报靶者扬声向堂上报告射中的结果。接着,上耦下堂,次耦上堂,双方在西阶前交错时,相揖致意。

次耦习射的仪式与上耦相同。最后,次耦下堂,下耦上堂习射。至此,司射上堂对宾行揖礼,禀告宾:"*三耦座射。*"(意思是三耦都已射毕)宾行揖礼还二番射：指第二轮射。第二番射是正式比赛，要根据射箭的成绩分出胜负。参加者除三耦之外，还有主人和宾。主人与宾配合为一耦，主人担任下射，以示谦敬。

首先由三耦比射。司射命令上耦开始射击。两位射手相互拱手行礼后上堂，报靶者迅速离开靶位。司射宣布说："不贯不释！"（凡是没有射穿箭靶的，一律不计成绩。）两位射手像第一番射时那样轮流开弓射箭。如果射中箭靶，负责计算成绩的有司，就抽出一支算筹丢在地上。上射的算筹丢在右边，下射的算筹丢在左边。如此这般，三耦全部射毕。

接着是由宾与主人配合成的耦上堂比射。比射的程序以及计算中靶次数的方法，与先前一样。射毕，有司拿起剩余的算筹报告宾："左右卒射。"（左右射都已射完。）然后，有司开始按照前面的计算方法，统计最后成绩并向宾报告。

最后是罚酒及献酒环节。司射命令三耦和主宾耦："胜者皆袒决遂，执张弓。不胜者皆袭，说决拾，却左手，右加弛弓于其上，遂以执弣。"（意思是，胜方射手脱去左袖，戴上扳指，套上护臂，手执拉紧弦的弓（表示能射）。负方射手穿上左衣袖，脱下扳指和护臂，将弓弦松开。）各耦射手先后上堂，负方射手站着将罚酒喝完，再向胜方射手拱手行礼。司射酌酒向报靶者献酒，并到靶前的左、中、右三处致祭。司射酌酒向堂下释筹的有司献酒。第二番射至此完成。

三番射：第三番射的过程与二番射基本相同，只是比射时有音乐伴奏。乐工演奏《诗经·召南》中的《驺虞》，乐曲的节拍要演奏得

◎ 乾隆射屏图

均匀如一。司射在堂下宣布："不鼓不释!"（不按鼓的节奏射箭的,不得计数。）三番射与二番射的程序相同,先由三耦比射,然后主宾耦比射。凡是应着鼓的节拍而射中靶心者,有司就抽出一支算筹扔到地上,最后将比赛的结果禀告宾:胜方赢若干筹,或者是双方射平。三耦、宾、主人顺序上堂,负方射手喝罚酒。三番射至此结束。

旅酬:是射礼的余兴节目,古礼要求从身份高的人开始,依次向下进酬酒。参礼者相互敬茶或水。敬饮之前需相互行揖礼,乐队循环奏乐以助兴。

送宾:宾起身告辞,走到西阶时,乐工奏《陔》的乐曲。宾出场地,参礼者皆相随,主人在门外以再拜之礼相送。然后,所有参礼人员相互行揖礼告别。最后,主人组织有关人员收拾器具、打扫射礼场地。

筵席边的射礼:投壶之礼

投壶之礼是由射礼演化而来的,是古代上层贵族们宴饮宾客时,为助酒兴娱乐宾客而举行的一种带有游戏性质的礼仪。整个仪程及比赛的方式与射礼基本相似,但相比于射礼,简单易行、趣味浓厚,可以很好地活跃宴饮气氛,因此为人们所喜爱。《后汉书·祭遵传》曰:"对酒设乐,必雅歌投壶。"

箭与壶是投壶礼中最重要的礼器,分别相当于射礼中的箭与箭靶。只是投壶中的箭不是真正的利箭,而是用柘木或棘木削制而成的木箭,而且不许刮掉树皮。

◎投壶

箭身长度是由活动空间大小来决定的。若在室中投壶,要用二尺长的箭;若在堂上,则用二尺八寸的箭;若在庭中,则用三尺六寸的箭。显然,活动空间越大,投掷的距离就越远。

活动用的壶也有规定。壶的颈部长七寸,壶的腹部高五寸,壶口部直径二寸半,壶的体积可以容放一斗五升的实物。投掷时,壶中要放入小豆,以免箭在投入后又跳出来。壶放置在离席位两支半箭的距离。

投壶之礼一直流行到唐代,这是因为它既可以娱乐宾客,又可以防止宾客纵酒过度。更重要的是,它与普通的宴饮游戏不同,它使宾主在娱乐之时,得到许多礼的教化。如投壶时,要按照规定的次序轮流投掷,否则,即使投中,也不能算成绩;投壶结束后,胜方要为

◎ 投壶图

负方斟酒,负方因失败则要接受罚酒,并最后一同为胜方庆贺,这些都体现了有序和谐的君子之争。

另外,有的诸侯国对参加投壶的年轻人的言行还做出了严格规定:不得怠慢,不得傲慢,不得背转身站立,不得大声与间隔较远的人谈话,否则将受罚酒。显然,儒家所倡导的谦恭敬让等美德在投壶之礼中得以体现。

待客之礼——宾礼

宾礼是古代天子、诸侯、使臣相互交往中涉及的一系列礼仪。

《周礼·春官·大宗伯》说："以宾礼亲邦国：春见曰朝，夏见曰宗，秋见曰觐，冬见曰遇，时见曰会，殷见曰同，时聘曰问，殷覜曰视。"这段话的意思是说，周礼的宾礼是邦国间礼遇亲善的礼节。古代宾礼有八种，春朝、夏宗、秋觐、冬遇、时会、殷同等六种礼节为公、侯、伯、子、男五等诸侯朝见天子以及诸侯之间互相朝觐之礼。

具体来说，也就是各路诸侯朝见天子，或诸侯间相互会见以及使臣往来的种种礼节。由于时间和形式的不同，分为八种。这八种宾礼的种种细节，历来学者多有争议。它对秦汉以后各王朝的影响很大，各个王朝群臣朝觐皇帝时的礼仪、皇帝出巡时的礼仪、王朝与周边国家使臣之间的交往礼仪等都以此为基础。

聘礼

聘，即问候之意。聘礼指的是诸侯派使者问候天子以及诸侯之间派使者相互问候的礼节。诸侯聘问天子有定期，即《礼记·王制》所说："诸侯之于天子也，比年（一年）一小聘，三年一大聘。"在聘问之期，诸侯将派遣卿大夫作为使者，到京城向天子作礼仪性的问候，并报告邦国的情况。

诸侯之间，长时间相安无事，便派使者互致问候，以增进兄弟国之间的情谊。

以卿为使者称大聘，以大夫为使者称小聘。诸侯之间行聘问之礼亦定期：每年派大夫行小聘，间隔二三年派卿行大聘，国君更换后，继位的君王要亲自到其他诸侯国聘问。

聘问之时，因使者国君的爵等不同，所带介的人数也各有差异。《聘义》曰："上公七介，侯伯五介，子男三介。"《仪礼·聘礼》所记的聘礼中介用五人。由此可见，为侯伯之卿的大聘。

关于聘礼的故事最有名的当数"完璧归赵"了。据西汉司马迁《史记·廉颇蔺相如列传》记载:"城入赵而璧留秦;城不入,臣请完璧归赵。"这是说:蔺相如受命带宝玉去秦国换15座城池,他见秦王没有诚意,可玉已经在秦王手里,凭着自己的聪明才智,终于使宝玉完好回归赵国。

◎ 完璧归赵图

聘礼可分成四个阶段:聘问前的准备、聘问正礼、聘毕后诸仪以及聘后复命。每个阶段又包括众多的小节,烦琐复杂。

聘问前之准备包括戒使、备礼、告祢、受命等仪节。戒使,即任命使者。出聘前,国君任命一卿作为正使;一大夫作为上介,即副使;众介由宰任命,由四位士人担当。

出聘的前一天,国君要检视行聘的礼品,礼品包括皮革、布帛、马匹等。经检视确定无误后,国君离开,由副使监督装车。出聘之日,使者与副使都要到自家的祢庙,向庙主报告将要出使之事,报告后,将币帛装入竹器中埋在东、西阶之间,并在路神前放下布帛,然后前往朝中接受国君的命令。

朝门外,使者在车上插好旐旗后,率领随行人员前往治朝受命。国君面朝南而立,请卿召见使者,使者及随行人员相继入内,面朝北而立。国君行揖致意,让使者上前。贾人(掌管交易物价的下吏)取出圭,交给宰,宰交给使者,使者接过的同时,听取国君之命,并要复述一遍国君之命。然后将圭交给副使,副使出门将其授还贾人。接着,以同样的仪节将献给聘问国国君的璧、献给国君夫人的璋和琮授给使者。然后，一行人马即可出发。走到郊外时，使者脱下深衣，收起旌旗。

聘问途中礼仪大致包括假道、预演威仪、入境展币、主国郊劳、致馆设飧等仪节。行程之中，如果要路过其他国家，必须派次介带着五匹帛去过往国家借道。对方同意后，收下礼物。使者与随行者起誓决不扰民之后方可入境。

入境后，过往国国君将依照礼节馈赠使者牛、羊、豕三牲及草料，对其他随行者也均有馈赠，然后派士送出国境。

聘问正礼阶段包括聘享、宾觌、馈食、问卿、劳宾等仪节。聘问期间，国君和大夫皆要以飨礼、食礼来款待使者及副使。

聘毕后诸仪包括还玉、赠宾等仪节。使者一行人将要归国，国君派卿前往归还圭、璋，并赠以五匹纺。国君还要对使者的国君回赠以玉、五匹帛、四张虎豹皮等礼物。同时，国君还要亲往馆舍为使者送行。向使者的国君、国君夫人行聘问、进献之礼，问候各位大夫，并对使者表达送别之情。使者随国君至朝请命，并三次行拜礼答谢行前国君以禽鸟馈赠之举，礼毕即可踏上归途。

聘后复命包括复命、告庙、酬劳随行宅之仪节。行至本国近郊，使者请交人报告国君请求复命，并穿上朝服，插上旌旗，举行陌灾避凶的襘祭，之后进入匡都。于朝陈列受聘国国君卿大夫赠送给使者、副使的币帛后，使者、副使先后塞命，并献上出使时带去的圭、璋以及对方赠送的礼物，然后向国君详细陈说出使的经过。国君慰劳使者一行人，并分别赐予币帛。

聘问之时，可能会意外遇到丧事。这要根据具体情况分别予以对待。如果受聘国国君、夫人或嫡长子去世，而使者已进入该国国境，则应该继续进行聘问活动，只是礼数要降低:无郊劳,聘享后不以醴酒礼宾,使者所需食物虽然依礼一并送去,但使者只留下煮熟的食物和未杀之牲,使者归国前,不向使者回赠礼品。

若聘问途中得知本国国君去世,如果已入受聘国境内,则继续行聘问之事。报丧者未至,出使人员要在巷门哭泣,于馆舍着丧服。不接受飨食之礼。报丧者至,则可以着丧服出馆舍;接受食物时,只能接受米谷和草料。使者归国时,要捧着圭至殡宫,在国君遗体前向世子复命,仪节与以往出聘归来向国君复命一样。之后行奔丧礼仪。

在中国古代,最有名的使节当属苏武了,苏武牧羊的故事家喻户晓。

苏武是公元前1世纪中国汉朝人。公元前100年,匈奴政权新单于即位,汉朝皇帝为了表示友好,派遣苏武率领一百多人,带了许多财物,出使匈奴。不

◎ 苏武牧羊图

料,就在苏武完成了出使任务,准备返回自己的国家时,匈奴上层发生了内乱,苏武一行受到牵连,被扣留下来,并被要求背叛汉朝,臣服单于。

最初,单于派人向苏武游说,许以丰厚的奉禄和高官,苏武严词拒绝了。匈奴见劝说没有用,就决定用酷刑。当时正值严冬,天上下着鹅毛大雪。单于命人把苏武关入一个露天的大地窖,断绝食品和水,希望这样可以改变苏武的信念。时间一天天过去,苏武在地窖里受尽了折磨。没有屈服的表示。

单于决定把苏武流放到西伯利亚的贝加尔湖一带,让他去牧羊。在这里,单凭个人的能力是无论如何也逃不掉

的。唯一与苏武做伴的，是那根代表汉朝的使节棒和一小群羊。

◎ 万国来朝图

这样日复一日，年复一年，使节棒上面的装饰都掉光了，苏武的头发和胡须也都变白了。在贝加尔湖，苏武牧羊达十九年之久。这时候，新单于执行与汉朝和好的政策，汉朝皇帝立即派使臣把苏武接回自己的国家。苏武在汉朝京城受到热烈欢迎，从政府官员到平民百姓，都向这位富有民族气节的英雄表达敬意。二千多年过去了，苏武崇高的气节成为中国伦理人格的榜样。

敬让的邦交之仪

诸侯之间行聘礼，其主要目的是结交盟友、巩固邦国之间的友好关系，避免侵略欺凌之事。因此在行礼之时，极尽所能地体现着相互敬让之义。《聘义》曰："敬让也者，君子之所以相接也。故诸侯相接以敬让，则不相侵凌。"如，聘礼中，双方相见之前，各备传话之人：宾（使者）用介，主（受聘问的国君）用摈者。相见之时，双方的交流通过介与摈者一个接一个地传达。这样做是为了表明，君子对所尊重之人不敢有所怠慢，是互相恭敬的体现。

另外，宾要辞让三次之后才传达本国君王的问候，推辞三次后再进入庙门，又经三揖三让才登上台阶。可谓敬让之致。

古人初次拜访地位相同者，或者拜访地位高者一定要执禽挚前往，以表示诚敬。而与拜访者地位相当的受访者一定要回访、还礼。这体现了中国人追求平等回报、崇尚往来的美德,是融洽亲朋关系、加深情感的手段。

礼尚往来

《礼记·曲礼》曰:"礼尚往来。往而不来,非礼也;来而不往,亦非礼也。"友情从来都是相互的,礼尚往来,就是要在纯粹的人情上给予平等的回报,只有这样才可融洽亲戚朋友关系,从而进一步加深情感。因此,士与士相见后,主人一定要依礼回访。

回访之礼一般适用于地位相当者。如士见大夫,大夫回访,便降低了自己的身份,不回访,又有行国君之礼而僭越的嫌疑,因为只有国君才可以受挚而不回访的,因此大夫最终是要辞挚而不受的。

回访时,主人拿着宾所赠的挚前往。君子以德义相交,而不以财物为重,因此,受礼后定要奉还。主人至前日之宾而今日之主人家的大门外,通过摈者传达求见之意,说:"前日蒙您屈驾光临,使得某能与您相见。现在请允许某把挚奉还给您的摈者。"主人说:"某也荣幸地与您见过面了,现在您又屈驾来访,实不敢当。"接下来,宾又两次表示,自己卑微,不敢惊扰尊敬的主人,所以要把挚还给主人的摈者。主人经过辞谢后,表示恭敬地从命才好,答应接受挚。于是,宾捧着挚进入大门,主人向宾行再拜礼,接过挚。宾授挚后行再拜礼,告辞,主人送至大门外,向宾行再拜礼。至此,相见礼仪完成。

《仪礼·士相见礼》还依次记述了士见大夫、大夫相见、士大夫见君诸礼仪。清代张尔歧说,士见大夫以下诸仪"皆自士相见推之,故以士相见名篇"(《仪礼郑注句读·士相见礼第三》)。这是以士相见礼命名的缘由。因其相见的仪节与士相见礼差异不大。

另外，相互交往中，更强调文质彬彬、举止有礼的仪表仪态，这是人德行的外化，所以在此礼中言谈举止皆有规定。如，燕见国君时，国君赐酒给臣下，臣下要离席，向国君行再拜之礼；接过爵后，要登席献祭，然后才可将爵中酒饮尽，并要等国君饮毕方可将爵交给赞礼者；退席后，要到堂下跪着取鞋，然后到隐蔽处把鞋穿上；与人交谈，因对象不同，而应言各有宜，但都应以厚德劝善为宗旨。

◎ 清代小吏见面行礼图

行兵杖之礼——军礼

大师之礼

天子以军礼的威严震慑邦国。诸侯胆敢抗上，天子则要调动军队，进行征伐、镇压，即行大师之礼。军队出师讨伐是极其重要的国家大事，从准备出师到凯旋庆功，皆有一定的仪式。即使出师败北，也有特定的回师、慰问仪节。

军队出征，有天子率兵亲征与命将带兵的不同，并且两者的礼数规格都不相同。大师之礼，是指天子率兵亲征。在军队出征前要举行祭天、祭地、告庙以及祭军神等祭祀活动。

◎ 武王祭台图

天子出征之前祭祀天帝，叫类祭，仪节隆重。其意图在于,通过此仪节将出兵征伐之事禀告天帝,让天帝知道自己所行的是正义之师,从而可以得到天帝之命出征讨伐,并得到其帮助。

祭天之后,要进行宜社仪式,即祭祀土地神。征伐敌人是为了安民卫国,因此也要告知土地神,并征得其同意以及保佑。祭社前的各项活动与祭天基本相同,只是在祭祀之时是把祭品埋在方丘之下,以便让神享用。

天子出征之前,还要到太庙告祭,并把在为帝王的亡父的排位载于齐车随行,称为迁庙主,以表达其行为"受命于祖"之意。如果无庙主可迁,则将用于告祭太庙的币、帛、皮、圭等用齐车载以随行,以代庙主。每天晚上都要祭奠,之后才可安寝。另外,军队出征归来时,也要到太庙告祭,告祭结束,要把币、帛等祭祀之物藏在庙的东西阶之间。

军队出征之前祭祀牙旗,称为祃牙。张衡《京都赋》曰:"戈矛若林,牙旗缤纷。"古代天子出征,竖起以象牙做装饰的大旗,作为行进中队前引导或作战时阵上指挥的旗帜。

古人出征前还要祭路神,称之为軷祭。軷祭最初行于道路之上,后来在国门外行礼。

天子出征或狩猎,都要告祭所经过的名山大川,以祈求保佑。祭祀规格根据情况有所不同。祭祀时也要临时撰写祝文宣读。

出师前,对出征的军队还要进行一次总动员,即誓师,在誓师典礼上宣讲出征的意义,揭露敌人的罪恶,告诫将士严守军纪,并鼓舞其保家卫国、奋勇杀敌。

天子为一国之尊,非不得已不会亲临危险的战争之地。因此,古代战争大多为命将出征。命将出征同样也需要进行出师前的祭祀,但没有祭天仪式。

命将出征仪式也非常隆重,天子要授斧钺给主将,喻示着把军队的全部权力交给主将,并寄希望于战事的胜利。

《汉书》曰:"唯闻将军之命,不闻天子之诏。"意思就是有天子亲授斧钺的将军,在离开国都后,他的命令就是至高无上的,超过天子,作为将士则应唯将军命是从。

军队胜利而还,称为凯旋。凯旋之时,奏军乐、唱军歌,以示庆祝。同时,征战得胜还朝后,还要到祖庙报告战况,同时也要到大学里祭祀先师,报告捕获的俘

◎ 征扈誓师图(夏启征讨有扈氏,在甘誓师)

虏和杀死的敌人数目。在整个战争结束后,将军得胜而还献俘时,皆要奏凯乐。

战争得胜之后,天子定然要对将士论功行赏。在赏赐将士的同时,要举行奏凯庆功宴,称之为饮至,君臣同庆战争的胜利。当然,在重赏有功之臣的同时,对在战争中违反军纪,或是给战争造成不利影响的人则要予以惩罚。赏罚分明,是军队乃至国家治理的必要手段。

两军交战总要有胜负之分。古代军队打了败仗,称为"师不功",或者称"军有忧"。《周礼·夏官·大司马》有云:"若师不功,则厌而奉主车。王吊劳士庶子,则相。"意思是说,如果军队失败,大司马就要带上丧冠,护卫者装载

迁庙主和社主的车返回。天子则要吊唁、慰劳公卿大夫在战争中死去或受伤的子弟。

大田之礼

大田之礼是指天子诸侯等每年都要定期举行的田猎活动,主要目的是练兵、检阅军队的作战实力。因此有仲春教振旅、仲夏教茇舍、仲秋教治兵、仲冬教大阅之说。

为避免暴殄天物,田猎时有许多规定:天子不能把四面都包围起来打猎,诸侯不能把整群的野兽杀光。天子、诸侯、大夫按次序猎取,大夫猎取后,就要命令副车停止追赶,开始让百姓打猎。另外,猎取之时,还要避开动物生长、繁殖的时令。正月以后,渔人才可张网捕鱼;九月后,才能举行田猎;八月之后,才可以张网捕鸟。而且,不得猎杀幼兽,不取鸟卵,不杀怀胎的母兽,不掀翻鸟巢。这些规定对于保护野生动物资源、维持自然界生态平衡有着积极的意义,只是不可能真正严格实行。

振旅,即整队班师。仲春之时,国家要用田猎的方式演练班师回国的阵法。大司马在田猎场所竖起召集众徒役的旗帜,按战时的阵法整编队列。教众徒役学习分辨鼓、铎、镯、铙等在战争中的作用:天子执路鼓,诸侯执贲鼓,军将执晋鼓,师帅执提鼓,旅帅执鼙鼓,卒长执铙,两司马执金铎,公司马执镯,敲击鼓、铎、镯、铙,训练众徒役坐与起、进与退、快行与慢行、排列疏松与紧密的战时技能。

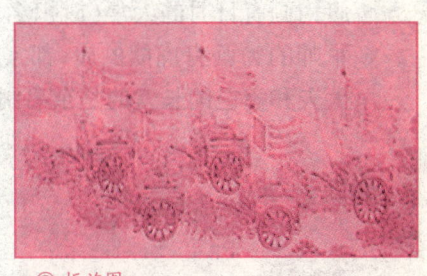
◎ 振旅图

训练娴熟后进行田猎。有司祭祀军神后,改教众徒役按规定捕猎,然后击鼓围猎。焚烧除草的火熄灭时,田猎就结束了,猎物要上交以供祭社稷之用。

茇舍,是指野外宿营。仲夏时节,国家要训练众徒役野外宿营之法。各级军官整顿统计所率车徒,校录兵甲器械。之后,教众徒役辨识军中各种徽号的作用。军帅所佩徽号与各自帅府前旗帜上的徽号相同,县鄙等地方官用自己的地名,采邑、食邑以邑名为徽号,六乡各以州为名号,百官各以所掌

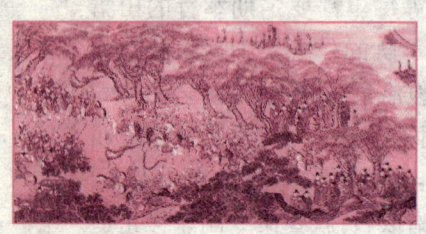
◎ 校兵场观练图

之职为名。夜战或夜守时,就以这些名号来辨别。辨别娴熟后,举行田猎,追赶野兽的车辆停下来后,田猎结束。猎物献上,以供宗庙祭祀之用。

治兵,军队出发时的阵容。仲秋时节,国家训练军队出兵之法。主要训练众徒役辨识各种旗帜的作用:天子之旗为画有日月的大常(旗帜名);诸侯的为画有蛟龙的旂,军帅的为画有虎熊的旗,都家行政长官的为通帛的旃,乡大夫和家邑的长官的是杂帛制成的物,郊野的公邑大夫的为旐,百官的为旟,所有旗帜上都写上自己的名号和职事。辨别娴熟后进行田猎。捕鸟兽的落网放下后,田猎结束,把猎物献上,作祭祀四方神灵之用。

仲冬田猎前要教习大检阅之法,仪式非常隆重。田猎前三天,告诫兵士联系战法,有司铲除校阅场

◎ 丛薄围猎图 清代

的杂草,并立表(立木作为标志)。天未亮时,各级官吏向大司马报告各自队伍的情况;天亮时,大司马诛罚迟到之人。然后校阅开始。

校阅结束,开始田猎。捕获大的野兽归公,小兽则归自己,猎获者除去禽兽左耳以计数。鼓声大而急促、士卒高声呐喊之时,田猎结束。以猎物祭祀四郊群神,返回都城之后,再献祭宗庙。

为人立世之礼——伦常之礼

君仁臣忠

古人认为,圣明的君王应该拥有至高的德行,并施仁爱、恩惠于臣,达到"以礼治国、以德服人"的境界。作为臣民,在对君王尽忠孝、行忠顺的同时,还要坚持正确立场,及时指出君王的过失。君臣各守其义,才合于礼。从君王的角度说,这体现的就是"以德服人"的仁政。

古人认为真正的仁政必须"德主刑辅"。先用德礼进行教化,教化无效则辅之以刑罚。德刑结合,形成刚柔相济的"仁政",这才是治国之道。

而实际上,历代君王真正以礼治国、以德服人而施行仁政的并不多,在施政之时,常常是刑主德辅。相反,臣子应对君王忠心的道义却被严格地维护着,如有违背,则被视为大逆不道,忠君报国之道义成了君王统治臣民的工具。

◎臣子拜见皇帝图

《礼记·曲礼》中说:"大夫死众,士死制。"意思是说大夫就应该为保卫民众而死,作为士人,就应该为执行君命而死。这样的思想礼仪历代承传,不断渗透,早已被臣民所接受,导致庶人皆知。因此,自古以来,忠君报国而死者众矣。诸葛亮的"鞠躬尽瘁,死而后已"就是最好的明证。战国时期楚国的三闾大夫屈原也是历代传诵的忠君爱国之士。

然而,从史实来看,所谓的臣子之忠,更大程度上体现的是顺从。如秦二世矫诏秦始皇赐太子扶苏死时,扶苏便说:"父而赐死,尚安敢复请?"(《史记·李斯列传》)太子如此,更何况臣子百姓了。可见百姓中流传的"*君命不可违*""*君让臣死臣不得不死*"之语实非妄言。

◎ 岳母刺字图

人们历来把岳飞作为精忠报国之典范来颂赞,可是其忠,只是忠于一人,是对大宋天子无条件顺从之忠。他因忠君而放弃抗敌报国之大事,最终身死国亡。因此,人们对其忠也称其为愚忠。

古礼主张君仁臣忠,应该是首先君王要仁德对待臣下,根据礼仪来发号施令。否则,臣下如有不忠也不能怪罪。之后才可要求臣下忠心。而臣下的忠心,也不仅是听从顺服,如果君王的差遣是正确的,就应该尽力去执行,如果君王有错误就应该予以及时指出,以免误国误民。这样的君臣之礼,在唐太宗李世民和臣子魏征的关系上确实有所体现,但是,在大多数朝代都是空谈,只能作为一种理想。

父慈子孝

父母与子女的关系是以血缘关系结成的最亲密的人际关系。其至亲的骨肉之情为家庭的和谐美满奠定了良好的基础。在家庭中,如果能父母慈爱、子女孝敬、各守礼仪,就会形成父子相亲、夫妇有别、长幼有序的和谐美满的家庭状态。因此,父慈子孝称为儒家所提倡的人伦大礼,"为人子,立于孝;为人父,止于慈。"(《大学》)

首先,做父母的应该对子女有慈爱之心。在日常生活中给子女以关爱,令子女健康成长;反过来,子女感谢父母的养育之恩,又回报之以孝道。

父母对子女的慈爱,除了体现在生活中关心爱护之外,还应包含父母对子女的教育。仪态言谈、待人接物、孝悌之礼以及文化知识等方面的严格教育,可以看作父母对子女的大慈。

子女对父母的孝,具体地说,表现在对父母的奉养、顺从、尊敬等方面。

父母年龄大了,生活起居各方面皆需要照顾,心理上也需要安慰,因此,在日常生活中,子女必须给予周到细致的照顾,让他们感受到天伦之乐。此外,父母生病,子女侍奉也是天经地义之事。而且在父母生病之时,不得享受琴瑟之乐,不得大笑,吃肉喝酒都要有节制。

孝的另一方面表现为顺从。这种对父母为表孝心的顺从,要终身奉行,即便是父母已经故去,也不得改变。正如《礼记·内则》所说:"孝子之养老也,乐其心,不违其志,乐其耳目,安其寝处,以其饮食忠养之,孝子之身终。终身也者,非终父母之身,终其身也。是故父母之所爱亦爱之,至于犬马尽然,而况人乎。"《论语·学而》对此评论说:"父在,观其志,父没,观其行。三年无改父之道,可谓孝矣。"

意思是说，作为孝子，应该让老人快乐，除在生活起居、日常饮食方面悉心照料外，对他们的意愿还要终身不得违背。

另外，即使父母去世，自己将做善事时，也要想着一定要把事情做好，以便给父母留下好名声；如果将要做坏事，就要想着千万不要使父母蒙羞，所以一定不要去做。

父母生前所喜爱的人与物，包括奴婢、庶子庶孙等，做子女的仍要终身给予关爱，如同父母在世一般。

婚姻大事也要绝对服从父母的安排，父母之命、媒妁之言绝不可违。即使已经结婚，仍要遵从父母的意志。即便特别宠爱的妻子，如果父母不喜欢，也要把她休掉，而自己不喜欢的妻子，如果父母说"她能很好地服侍我们"，那么仍要与她行夫妇之礼，至死不渝。

孝顺的儿媳妇，对公婆的吩咐不得违抗与怠慢。如果公婆赐给饮食，即使不喜欢也要品尝一下；赐给的衣服，即使不喜欢也要穿起来。

子女之孝还体现在尊敬上。古礼对此也有很多具体规定：在父母公婆之所，如果他们有所吩咐就应该恭敬地回答"唯"，在他们面前前进、后退、转身，都要恭敬严肃，举止端庄。上下台阶、出入大门都要俯身而行且从容不迫。作为儿子，外出一定要告知父母，回来也要当面禀告。平常说话不能自称"老"，平时不要坐在室内的西南角，那是尊者之位；坐椅子时，也不要坐在中间；走路时，不要走在路中间。父母召唤时，要在答应"唯"的同时站起身来。对父母公婆的饮食起居等一切生活用具皆要敬而远之，子女只在吃其剩下的食物时，才可以动用。

夫义妇随

在中国古代婚姻中，丈夫对妻子只是承担道义上的责任,而妻子则要遵从丈夫的一切意旨,以"三从四德"为行为准则,根本没有独立的人格与权利。夫妇之间应有的恩爱之情根本无从谈起。

儒家的夫妇之礼对女子的要求相当严格、严厉,甚至是苛刻。《仪礼·丧服》曰:"妇人有三从之义,无专用之道,故未嫁从父,既嫁从夫,夫死从子。故父者,子之天也。夫者,妻之天也。"班昭甚至在《女诫》中说:"夫有再娶之义,妇无二适之文。"男子至尊,女子一生唯有服从,即使丈夫死了,也不得再嫁。

另外,在女子出嫁前,"四德"是必修的内容,以便到了男家懂得规矩而避免被休回。知耻守节、端庄顺从、相夫教子、尊老爱幼、勤俭节约为妻子的行为规范。作为妻子的,如有违反,轻则受到教导、责备,重则被休掉。

夫义妇从体现了男尊女卑的封建思想,是男权社会家庭中夫权统治的工具。

兄友弟恭

古人常把孝悌相提并论,认为孝悌是礼的核心,是为人之本。人皆行孝悌之礼,则犯上之现象便会减少,作乱之事甚至会消失。兄长对弟弟的关心、友爱,体现在方方面面。长兄如父,兄长要有父亲般的慈爱,同时还要担负起父亲一样的教育职责,关心弟弟成长,辅助其行冠礼,帮助其完成婚事,引导其言行,知道其思想。

弟弟对兄长的恭敬、顺从,在《朱子童蒙须知》中也有规定:"父兄长上有所教督,但当低首听受,不可妄大评论,长上检责,或有过误,不可便自分解,姑且隐默。久,却徐徐细意条陈云,此事恐是如此,向者当是偶尔忘记。或曰,当时偶尔思省未至,若尔,则无伤忤,事理自明。""父兄长上座起处,文字纸扎之属,或有散乱,当加意整齐,不可辄自取用。"

另外,在很多有关礼仪的典籍中,都涉及了弟弟敬顺兄长之礼:陪兄长坐,要长露静候之色,敬听之态;兄长有所命则起立;尊长有倦色,则请退。行路时,要与兄长"齿雁行",不可相隔太远,如有所问,以便应对。

第四章

传统礼，伴一生

第四章 传统礼，伴一生

第一节 生命开端
——诞辰礼

人的一生与礼和礼仪相伴始终，关系密切，每一个特定的时间点和时间段都有相应的礼仪活动。这些礼仪活动大多在家庭或亲族的小范围内举行。

从大的方面说，人生的四个重要时间段——诞生、成年、婚姻和死亡——就有着四种相应的礼仪形式。

我国传统的人生礼仪是超越个体生命过程的，在个体生命诞生之前，就已有许多指向这个尚不存在的个体生命的礼仪，如各种各样的求子仪式和各种预测生男生女的习俗。

生育在古人是一件十分关心的大事，因为这关系到香火的延续。所以，如果结婚后一两年还没有孩子的话，人们就会采用各种仪式来求子。

其中最普遍的就是求

◎ 送子娘娘图

神拜佛。一旦怀孕便叫"有喜",被认为是一件了不起的喜事,既是小家庭的喜事,也是大家族的喜事。所以怀孕期间便有许多禁忌,同时还根据孕妇的反应和表现来预测生男生女,如酸儿辣女(喜酸生男,喜辣生女)、儿勤女懒(怀男勤快,怀女懒散)等。

我国古时候就有胎教之说,《颜氏家训·教子》说:"古者,圣王有胎教之法:怀子三月,出居别宫,目不斜视,耳不妄听,音声滋味,以礼节之。"这些都是婴儿诞生之前的礼仪。

婴儿即将诞生时还有一些催生的习俗,如吹着笙送喜糖桂圆,寓意催生;临产时打开箱柜房门等,寓意产门开,等等。婴儿诞生之后直至五岁,又有五个重要的时间点:初生、三朝、满月、百日和周岁。这五个重要的时间点上各有一些相应的礼仪和礼俗。

出生礼

婴儿初生的第一项礼仪活动是报喜,向亲戚朋友邻居以及宗祠报喜。由于古时重男轻女观念的影响,早在先秦时就有了弄璋、弄瓦之说。璋是古代贵族所用的玉器,代表男孩,预示所生的男孩长大后能执玉器为王侯,所以生男孩就叫弄璋之喜;瓦是古代女子纺织的纺砖,代表女孩,所以生女孩便称弄瓦之喜。

报喜的同时,门口还要张挂婴儿诞生的标志,这既在一定范围内起到了报喜的作用,同时还能防止不知情者的贸然闯入,提醒一些特殊人物如孕妇、服孝者等自行回避。这个标志通常是一种能说明性别的象征物,《礼记·内则》说:"子生,男子设弧于门左,女子设帨于门右。"弧是弓,弓是武士的象征,代表男性;帨是佩巾,代表女性。

🌀 三朝礼

新生儿诞生之初,虽有报喜等礼俗,但都不能触及婴儿。一般要到第三天才举行一个正式的礼仪来庆贺新生命的诞生。届时亲朋好友带着贺礼来道喜,主人需设宴款待。这一天还要对新生儿举行几种仪式:

一是对脐带和囟门作礼仪性的处理,俗称落脐炙囟。

二是象征性地开奶和开荤。先是抹几滴黄连汤在婴儿的嘴上,边抹边说:"三朝吃得黄连苦,来日天天吃蜜糖。"然后蘸一些用肥肉、状元糕和酒、鱼、糖等食品制成的汤水在婴儿的唇上,也边蘸边唱:"吃了肉,长得胖;吃了糕,长得高;吃了酒,福禄寿;吃了糖和鱼,日日有富余。"最后让婴儿尝一口从别人那里要来的乳汁。

◎ 洗三图

三是三朝礼中最典型的洗三,也叫洗三朝。用槐枝和中草药煮成的汤水给婴儿沐浴,也是边沐浴边唱祝词:"洗洗头,做王侯;洗洗腰,一辈倒比一辈高;洗脸蛋,做知县;洗腚沟,做知州。"洗完后用姜片、艾蒿擦脑门和身体的重要关节,以使孩子健壮;还要用新布蘸清茶水擦婴儿的牙床,让他放声大哭,以此为吉兆,俗称"响盆";最后还要用大葱打三下，据说能使他聪明伶俐。

满月礼

满月礼很隆重热闹。生子满月值得庆贺，产妇出月也该纪念。满月礼是备受重视的一个礼俗。婴儿满月这天，主家要大摆宴席，款待亲朋。来宾都有贺礼，包括童衣、被、银盾、长命锁、手镯、脚镯、雕有吉语的压胜钱等。其中镯子一定要活口的，否则于婴儿不利。

婴儿满月后许多禁忌就随着解除了，所以主人要请亲朋好友来喝满月酒。据《东京梦华录》记载，宋朝小儿满月时，主家在盆中烧了香汤，亲友就撒钱在汤中，称"天盆"。这是一种独具特色的馈赠仪式。

◎ 剃胎发图

满月时还有剃胎发、出门游走等仪俗。剃胎发是满月礼中的一项重要仪俗，多由舅舅主持，是母系社会人际关系的某种遗留。

剃头时额顶要留"聪明发"，脑后要蓄"撑根发"，眉毛则要全部剃光，剃下的头发还要收藏好。这种习俗一直延续到现在。

满月游走也叫满月逛街，是一种为婴儿祈求吉祥的活动，目的是让婴儿能象征性地见世面，以便将来能有出息、有胆识，成为一个精明能干的人。

挪臊窝

旧俗"出满月挪臊窝",是说孩子满月后已可到户外活动了。满月后,产妇可携婴儿在娘家人陪同下回娘家小住,少则几天,多则十天半月,全凭婆婆根据当时情况一口而定,叫作"挪臊窝"。

临行前,要给婴儿的鼻尖儿用墨、烟灰或锅底的黑烟灰抹成黑色;从姥姥家回来时,改用白粉将鼻尖儿抹成白色。有"黑鼻儿去,白鼻儿来"的俗谚,意思是去时黑瘦,回来时变白胖了。

途中车轿出城过桥,母亲要抱好婴儿,口中叫着孩子的乳名,以免"丢魂儿"。回来时,一般午饭后即动身,必在日落前到家。姥姥、舅舅、舅母等都要给婴儿怀中放个包有礼物或银元的红封子,作为第一次来姥姥家的见面礼。

一般来说,产后一个月内,产妇大多数时间在炕上坐卧。古人认为产妇生孩子后身体比较虚弱,如果不保养好,一个月内最容易得病,而且一旦生病还不好调养,必须再生孩子时才能养好,叫作"月子里得病月子里养"。因此,伺候月子成为产妇家的大事。

◎ 挪臊窝图

富裕人家有专门佣人照料产妇,而大部分市民家庭则由产妇的丈夫或婆婆亲自伺候月子。但产妇的丈夫在这一个月内不得与产妇同房、同住,而要到其父母处住。另外,产妇忌吃生冷的东西和使用冷水,不能洗头、洗澡,不许做针线活、刺绣等。

出满月,挪臊窝,标志着产妇结束了"坐月子"的生活,可以正常行动了,同时,也解除了诸多禁忌。

百日礼

婴儿过百日也叫过百岁,也叫百晬、晬。

百有圆满、完全的意义,所以百日礼多在"百"字上做文章,其中最有特色的就是百家衣和百家锁。

百家衣是一种集邻里各色碎布连缀而成的服饰,形状如僧衲,是为婴儿祈寿而做的,据说能托百家之福消灾避难。

百家锁也是一种集百家之金银打制而成,或由多家人家合送的象征物。锁上多有"长命百岁""长命富贵"等祝福吉祥的文字或图案,所以也叫长命锁。

周岁礼

一周岁时,行周岁礼。周岁是诞生礼的总结,也是寿礼(生日礼)的开始,所以一般庆祝时都比较隆重。所送的礼品多为衣服鞋帽,其中鞋子是必不可少的,因为此时孩子已能蹒跚行走了。旧时送虎头鞋的最多,据说穿上虎头鞋,小孩就能壮胆辟邪,安全成长。

周岁礼中流行最普遍的是抓周,是中国民间预卜婴儿前途的习俗,又称为"试晬""试周""试儿",一般在婴儿周岁时进行。

抓周是第一个生日纪念日的庆祝方式。它与产儿报喜、三朝洗儿、满月礼、百日礼等一样，同属于传统的诞生礼仪，其核心是对生命延续、顺利和兴旺的祝愿，反映了父母对子女的舐犊深情，具有家庭游戏性质，是一种具有人伦味、以育儿为追求的信仰风俗。

满周岁行"抓周儿"礼的风俗，在民间流传已久。不少著述在论及抓周习俗的历史时，都称此俗至少在南北朝时已普遍流行于江南地区，至隋唐时逐渐普及全国。

清末民初，北京民间仍然盛行这种小儿"抓周儿"礼。虽然，小儿周岁并不搭棚办酒席，也不下帖请客，但凡近亲们都不约而同地循例往贺，聚会一番。一般不送大礼，仅是给小孩买些糕点食物或玩具。另外，在习惯上，凡与小孩初见的长辈们，都用一挂白线，拴上钱币，给小儿套在脖子上，谓之"挂线"。

"抓周儿"的仪式一般都在吃中午"长寿面"之前进行。讲究一些的富户都要在床（炕）前陈设大案，上摆印章、儒、释、道三教的经书，笔、墨、纸、砚、算盘、钱币、账册、首饰、花朵、胭脂、吃食、玩具。如是女孩"抓周儿"还要加摆铲子、勺子（炊具）、剪子、尺子（缝纫用具）、绣线、花样子（刺绣用具）等。

一般人家，限于经济条件，多予简化，仅用一铜茶盘，内放私塾启蒙课本《三字经》或《千字文》一本，毛笔一支、算盘一个、烧饼油果一套。女孩加摆铲子、剪子、尺子

◎ 抓周儿图

各一把。由大人将小孩抱来，令其端坐，不予任何诱导，任其挑选，视其先抓何物，后抓何物，以此来测卜其志趣、前途和将要从事的职业。

如果小孩先抓了印章，则谓长大以后，必乘天恩祖德，官运亨通；如果先抓了文具，则谓长大以后好学，必有一笔锦绣文章，终能三元及第；如是小孩先抓算盘，则谓将来长大善于理财，必成陶朱事业。

如是女孩先抓剪、尺之类的缝纫用具或铲子、勺子之类的炊事用具，则谓长大善于料理家务。反之，小孩先抓了吃食、玩具，也不能当场就斥之为"好吃""贪玩"，也要被说成"孩子长大之后，必有口道福儿，善于'及时行乐'"。总之，长辈们对小孩的前途寄予厚望，在一周岁之际，对小孩祝愿一番而已。

通过小孩抓周儿，在客观上检验了生母、看妈、奶妈对小孩是如何带领的，是如何进行启蒙教育的。因此，有些家长并不迷信，但仍主张让小孩抓周儿，也是这一风俗得以持久在民间流传的原因之一。

第二节 长大成人
——成人礼

 冠礼

古代男子年满二十岁时要行加冠礼，即为其依次加戴缁

布冠、皮弁、爵弁三种冠,以表示其已成年,开始承担各种社会责任与道义。另外,女子成年要行笄礼,十五岁为始笄之年。

冠礼是为男子跨入成年而举行的加冠仪式,它由远古氏族社会的成丁礼发展而来。冠礼原本只是一种礼俗,经过传承,并被统治者加以改造,至周代开始成为一种礼制。在周代,男子冠礼、女子笄礼作为制度被确定下来。至汉代,对冠礼非常重视,帝王、太子等行冠礼时常常要大赦天下,封赏百官臣民。在南北朝时期,冠礼亦备受皇家重视,行礼仪式极其隆重。至唐代冠礼开始渐趋衰落,宋元明三代虽然都实行冠礼,但已经不被重视。至清代冠礼被废止。

◎ 冠礼

男子加冠之后,在履践礼仪、担负责任的同时,也会拥有一定的社会权利,如婚娶、祭祀、参政等,从此便可走向仕途,担当重要的政治角色。据记载,嬴政十三岁登基,直到九年后才得以亲政。由此可见,冠者才有"治人"之权,行冠礼乃治人之本,即"为人而后可以治人也"。

按照冠礼的规定,行冠礼必须在宗庙中举行,而在宗庙中举行的活动都是十分重要的。而且,举行冠礼前,冠礼的时间与主持者,都要通过占筮来确定,可见古人对这一礼仪的严肃态度。冠礼中,要三次加冠,一次比一次尊贵;冠后,冠者要见母亲、兄弟,并去拜见国君、卿大夫等官职较高者及德高望重之人。

古人对于冠礼极其重视,那么,为什么如此重视呢?

重冠礼者即重礼。重视冠礼的同时,也能表明对礼的重视。礼规范人们的行为、思想,是治理国家、安定天下非常重要的手段。因此，重视礼便被古人看作治理国家的根本大事。重视冠礼的每个细节，不仅可使冠者得到礼的教育，而且可使所有参加冠礼之人都会受到相应的教育，促使其遵礼守节、恭让敬顺，从而加强社会统治。

◎ 古代各式冠

加冠之后，就要开始以仪容端正、表情严肃、说话和顺等容仪来规范自己，开始遵守成人的礼仪标准，修养自身德行，把自己向更加符合儒教思想的人培养，为将来建功立业打下基础。

冠礼同时也是父子相继的宗法伦理思想之体现。《礼记·冠义》曰："冠于阼，以著代也。"阼，堂前东面的台阶，主人迎宾之处。世子加冠一定要在阼阶之上，用以表明冠者将来要代替主人成为一家之主，内持家政，外执国事，决定家族承继与兴衰荣败。

最重要的是，加冠可使冠者明确社会伦理纲常以及社会责任，努力践行孝、悌、忠、顺之道，成为合格的儿子、弟弟、臣子、晚辈，真正担当起合格的社会角色，这样才有资格去治理别人。而且，加冠后才能拥有婚姻、祭祀以及参加宾射、飨燕、贺庆之礼的权利，因此冠礼是行一切礼仪的前提，因此说："冠者礼之始也，嘉事之重者也。是故古者重冠。"(《礼记·冠义》)

◎ 冠礼仪程图（汉墓漆画）

冠礼的仪程大致分三个阶段：冠期前之诸仪，包括筮日、戒宾、筮宾、宿宾、为期等；冠礼的正礼，包括陈服器、就位、迎宾及赞者、始加、再加、三加、宾醴冠者、见母、字冠者等；正礼后之诸仪，包括冠者见兄弟、赞者、姑姊、冠者执挚见国君、乡大夫、乡先生、醴宾、归宾俎等。

男子二十岁行冠礼，表示已成年。女子成年行笄礼，十五岁为始笄之年。《礼记·内则》曰："十有五年而笄。"《礼记·杂记》又曰："女虽未许嫁，年二十而笄。"女子在十五岁至二十岁之间，只要许嫁便可加笄。如果一直待嫁未许配于人，那么最迟在二十岁时也要行笄礼。

◎ 笄礼

女子在行笄礼之前，也必须经过一定的学习，但学习内容与男子大不相同，主要是为婚后相夫教子、敬顺舅姑、操持家务、严守妇道做准备。

第三节 合卺而饮
——婚嫁礼

人类经历了聚生群处、血族婚、对偶婚之后，出现了以婚礼来规范异性结合的一夫一妻制的婚姻形式，这是人类从蒙昧走向文明的一个重要标志。婚礼举行的时间，礼服与礼器的规制都体现出了古人阴阳相合的思想。最重要的是，夫妻关系是一切人伦关系的根本。

《礼记·昏义》开篇即云:"昏(通"婚")礼者,将合二姓之好,上以事宗庙,而下以继后世也。"婚礼的意义首先在于把两个异姓家族联系起来,结成血缘关系,以延续家族生息,传承家族事业。即对上以侍奉宗庙,对下以继承后世。家族的血缘得到继承,形成稳定、和谐的社会团体,国家才能稳定、繁盛,因此婚礼受到古代君子的重视。

婚姻,最初写作"昏因"。从这些引文当中可以看出,古代婚姻指的是男女嫁娶之事,于黄昏之时,男方行迎娶之礼,女方因男方而来,而成为妇人。所以称为"昏因"。

◎ 清明上河图中的嫁娶场面

婚礼议程

提亲

男女婚姻大事,依父母之命,经媒人撮合,认为门当户对,互换"庚贴"(年龄、生辰八字)压于灶君神像前净茶杯底,以测神意。如三日内家中无碗盏敲碎、饭菜馊气、家人吵嘴、猫狗不安等"异常"情况,则请算命者"排八字",看年庚是否相配、生肖有无相克。旧时有人迷信所谓六年大冲、三年小冲;男婚年龄逢双,女子十九不嫁;谓鸡狗(鸡犬不和)、龙虎(龙虎相斗)、虎羊(羊落虎口)、蛇鼠(蛇吞老鼠)难相配,待认为周全后始议亲。

定亲

定亲前议亲,议亲始议"小礼",在买卖婚姻年代均讨价还价。

定亲后,男方将上述礼品用杠箱抬到女方。女方回礼多为金团、油包及闺女自做的绣品。定亲凭证,男方送"过书",俗称"红绿书纸"(纸张两层外红内绿),女方送"回贴"认可,俗称"文定"。故旧时夫妻吵嘴,妻子常说我是有"红绿书纸"的,以此抑制丈夫。

继"文定"后择吉迎娶,由择日店拣"好日"的日子。

亲友送礼,婚礼多是现金,或喜幛、喜轴,并书以"**百年好合,五世其昌**""**天作之合**"等。送嫁礼多为绣花或绸缎被面、被头或日用器物,亦有送红枣、花生、桂圆、莲子,寓"**早生贵子**"意。旧时有媒人首次进门不能喝茶的习俗,谓"媒不饮茶",说喝了茶要冲淡婚事。又称媒人为"媒百橱",媒成能吃上"百餐",要酬以"谢媒酒",但婚后如夫妻不和或婆媳不睦,媒人有调解责任。

成亲

迎亲日子叫"好日"。俗谚"**请吃酒,掼拜生**",好日前新郎拿着红纸"知单"请长辈亲友吃喜酒(好日酒),长辈要在自己姓名下写上个"知"字。好日前有待郎、待嫁习俗,双方父母亲请子女吃包子、蚶子、肘子、栗子、莲子,讨"五子登科"彩头。好日前三五天,男方送女方"轿前担",一般为鹅二只、肉一方、鱼二尾等。

男方去女方搬嫁资(嫁妆),女方置嫁资于厅堂,让人观看,称"看嫁资"。器物披挂红色彩线,衣服等薰以檀香,箱底放数枚银元,俗称"压箱钱"。嫁资搬到男方,亦陈列于厅堂供人观看,亦叫"看嫁资"。由阿婆取女方钥匙包,取钥开箱,俗称"掏箱"。

迎亲前一日,男方要"安床",由一位"全福"妇女,取筷子系扎红线,安放新郎席子下,称"安床"。

婚前一至三天夜里,由一个父母双全的小僾(男孩)伴新郎同睡,睡于床的里边,称"伴郎"。晚上要给这个小僾吃包子、花生、鸡蛋,寓"包生儿子"意,待"好日"那天早晨离开时,要给红包,俗称"挈出尿瓶"。

好日前一二天,男家向赁器店赁得花轿和婚礼器物,挂灯结彩,以上等筵席款待贺客,称"细便饭"。好日五更时辰,男家以全副猪羊或五牲福礼及果品,在厅堂供祭"天地君亲师",俗称"享先"。早餐兴吃"享先汤果"。

宁波闺女出嫁均坐花轿。传说南宋小康王(高宗)逃难至明州,金兵追急,赖一女子相救得脱,后找恩女不得,诏明州女子出嫁可享半副銮驾待遇,凤冠霞披,并坐花轿。

花轿,俗称"大红花轿",有四人抬、八人抬之分。坐花轿尚含有明媒正娶、原配夫人之意,女子一生只能坐一次。故夫妻吵嘴,妻子带在嘴边一句话:我是大红花轿抬进门的,又不是走上门的,以此来炫耀高贵。

迎亲日,花轿出门,以净茶、四色糕点供"轿神"。放铳、放炮仗,大红灯笼开路,沿途吹吹打打。新郎不到岳父家迎亲,以喜娘(送娘)为使者,持名帖前往。

女家喜娘用五色棉纱线为新娘家绞去脸上汗毛,俗称"开面"(含有现在美容意),客人兴吃"开面汤果"。花轿临门,女家放炮仗迎轿,旋即虚掩大门"拦轿门",待塞入红包后始开。花轿停放须轿门朝外,女家有人燃着红烛、持着镜子,向轿内照一下,谓驱逐匿藏轿内的冤鬼,称"搜轿"。女家中午为正席酒,俗称"开面酒",亦叫"起嫁酒"。

新娘上轿前,经男方喜娘三次催妆,佯作不愿出嫁,懒于梳妆(当然也有封建婚姻确实不愿者),而后坐娘腿上,娘为女儿喂上轿饭,寓意不要忘记哺育之恩。较异习俗有三:其一,"哭上轿"。女儿上轿,母亲哭送,哭词多为祝颂、叮嘱话,新娘动了感情含泪惜别。其二,"抱上轿"。新娘由兄长抱上轿,进轿坐定后,臀部不可随便移动,寓平安稳当意。其三,"倒火熜灰"。新娘座下放一只焚着炭火、香料的火熜,花轿的后轿杠上搁系一条席子,俗称"轿内火熜,轿后席子"。起轿时,女家放炮仗,并用茶叶、米粒撒轿顶。新娘兄弟随轿行,谓之"送轿"。城区抬花轿要绕至千岁坊或三法卿(地名)等处,以讨"千岁""三发"彩头。兄弟送至中途即回,且要包点火熜灰回来,并从火种中点燃香或香烟,返家置于火缸,俗称"倒火熜灰",亦称"接火种"。

　　花轿进门,男家奏乐放炮仗迎轿。停轿后卸轿门,由一名五六岁盛妆幼女(俗称"出轿小娘")迎新娘出轿,用手微拉新娘衣袖三下,始出轿。新娘出轿门先跨过一只朱红漆的木制"马鞍子",步红毡,由喜娘相扶站在喜堂右侧位置。是时,新郎闻轿进门,即伴躲别处,由捧花烛小傧请(找)回,站左侧。

　　喜堂布置与各地相同,拜堂仪式则稍异,有主香公公,多由新郎祖父或祖伯叔担任。主香者和新郎、新娘皆遵赞礼声动作。整个过程总称为"三跪,九叩首,六升拜"。最后赞礼者唱:礼毕,退班,送入洞房! 其间,新郎、新娘在拜堂时,有抢前头跪习俗,谓谁跪在前面,以后就可管住后者,致闹出边拜边踢垫子,新郎拂袖而起拒拜的笑话。

　　繁缛的拜堂仪式毕,由两个小傧捧龙凤花烛导行,新郎执彩球绸带引新娘进入洞房。脚须踏在麻袋上行走,一般为五只,也有十只麻袋,走过一只,喜娘等又递传于前接铺于道,意谓"传宗接代""五代见面"。

　　入洞房后,按男左女右坐床沿,称"坐床",由一名福寿双全妇人用秤杆微叩一下新娘头部,而后挑去"盖头篷",意示"称心如意",谓"请方巾"。新郎稍坐即出,新娘换妆,客人吃"换妆汤果"。

而后，新郎、新娘行"拜见礼"，论亲疏、辈分依序跪拜见面，称"见大小"。拜时起乐，堂上摆大座两把，受拜者夫妇同坐，如一个已故，则亦按男左女右就座，另一把空着。拜毕赐红包给新娘，俗称"见面钱"。公婆可不掏红包，谓"媳妇自家人"。新娘与同辈见面则作揖，若小辈拜见时，新娘亦给"见面钱"。

之后，举行"待筵"，新娘坐首席，由四名女子陪宴劝食，新娘多不真吃。筵毕，喜娘陪新娘至厨房行"亲割礼"，有捞粉丝、摸泥鳅等习俗，谓之上厨。

◎《红楼梦》中迎娶宝钗图

拜堂晚上，男家为好日正席酒，叫"贺郎酒"，新娘须逐桌逐位为长辈和客人斟酒。宴后，喜家请有福有德的座客两人至洞房，向新郎、新娘行"三酌易饮"礼，每进一次酒（新人只啜一口）相互交换下酒杯。主贺者须边唱贺郎词，戏谑、祥和兼有。

是夜，有吵新房习俗，谚云："三日无大小"。成亲那天新娘不多与客人说话，吵房时先逗新娘开口，看其衣裳纽扣，五颗纽扣说是"五子登科"，看其脚髁头，说是看老寿星。

闹至午夜始散。新郎随出送客，喜娘始铺被褥，新娘即赏以红包，喜娘嫌不足则佯立不走，待增加后才出。新娘关房门，新人共吃"床头果"。新郎上床，新娘"坐花烛"，花烛不可吹灭，烛尽方可上床。尚有在白天做好手脚，夜里撬门跳窗进新房挪走新郎衣裳，吵房成功，新人要罚出糖果、香烟钱。

舅姑之礼

新娘嫁入夫家后,并不等于婚礼的结束,第二天,新娘还要行拜见舅姑之礼。舅姑是古代对公公婆婆的称呼。次日,天还未亮,新娘便已起床,洗头沐浴,以帛束发,着黑色衣服,等待公婆接见。这种打扮为士妻之正服。

天亮时,公公以主人身份,于阼阶上即席;婆婆以内主身份,于户外西侧即席。新娘捧着装有枣和栗子的竹篮,至公公席前行拜见礼,并将竹篮放在席上,公公抚摸竹篮,表示收下礼物,并向媳妇答拜。媳妇回避,表示不敢受公公之礼,并向公公行下拜礼。之后,新娘捧着装有干肉的竹篮去拜见婆婆,竹篮亦放在席上。婆婆举起竹篮,表示收下礼物。

在古代,向尊长献礼时,都要把礼物放在地上或席上,而不亲自交给对方,以此表示他尊己卑,不敢手授之意。

接着,赞礼者代表公婆向新娘敬酒,表示已经接受新娘成为家庭的正式成员。然后新娘向公婆献一只煮熟的小猪,表示新娘以媳妇之礼开始孝敬公婆,即"妇以特豚馈,明妇顺也"(《礼记·昏义》)。最后,公婆共同完成款待新娘的一献之礼。完毕后,公婆从西阶先下堂,媳妇从主阶下,这样做是"以著代也",即表明从此公婆已经将室内的事交

◎ 拜天地的喜堂

托给媳妇,媳妇将代替婆婆成为家庭主内之人。

第四节 礼俗相交
——社交礼

相见以礼

《周礼·春官·大宗伯》说:"以宾礼亲邦,春见曰朝,夏见曰宗,秋见曰觐,冬见曰遇,时见曰会,殷见曰同,时聘曰问,殷朓曰视。"《清史稿·礼志二》中说的"蒲国通礼、山海诸国朝贡礼、敕封藩服礼、外国公使觐见礼、内外王公相见礼、京官相见礼、直省官相见礼、士庶相见礼",这里实际上说的就是相见礼的内容。

皇帝在进行邦国外交的时候,要招待外国的宾客,还要接受诸侯大臣的朝觐,还有皇帝要迎接诸侯,或者接受外国的纳贡礼品等,都要行相见礼。在官场上,官员相见要行揖拜礼,下级向上级要行拜见礼,公、侯、驸马相见要行两拜礼。官员在行礼的时候,下级居西先行拜礼,上级居东答拜。平民相见也有许多讲究,依长幼行礼,幼者施礼,外别行四拜礼,近别行揖礼等。

在古代,人们最初相见,需要别人介绍才行,与皇帝接受礼品一样,要求见的人必须带上礼物,这就是行"贽礼"。所谓的"贽"就是初次相见的见面礼品,有"大贽""小贽"

之分。"大贽"用的是玉帛,而禽兽果脯等属于"小贽"。

贽礼也有男女之分,男子应该选用玉帛禽鸟当贽礼,而女的则用果脯。在相见的时候要行作揖之礼。主人也需要行还贽之礼,送求见者礼品。

行相见礼之时,有许多标准性的礼节动作,俗话说拜见。古代对拜的规定是很细致的,有稽首、顿首、空首、振动、吉拜、凶拜、奇拜、褒拜、肃拜等许多讲究。

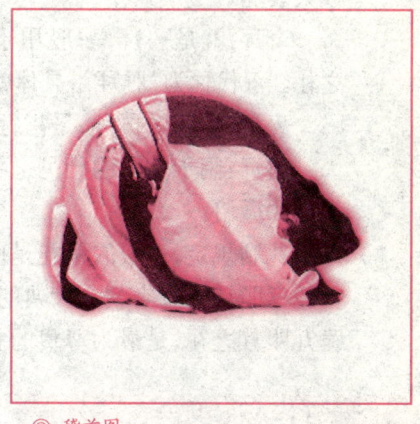
◎ 稽首图

稽首:拜脆于地上,左手按右手,拱手并缓缓引头至地,良久方起。稽首也叫做"磕头",是最尊敬的礼节。

顿首:跪拜于地上,引头至地、但头顿地即起。一般地位对等的人使用此礼节。

空首:是下跪后两手拱合,男子左手压右手,举手加额,然后弯腰鞠躬,手触地或者手与心平,头顺势触

◎ 清朝官员的"顿首"图

在手上。因为头不至地而至手,所以称为"空首",也称为"拜手",简称为"拜"。

平时行一次空首礼,也称做"拜"。有时为了表示更加尊敬而行两次空首礼,就称为"再拜"。如《仪礼·大射礼》:"公降一等,小臣正辞。宾升再拜稽首,公答再拜。"

振动:一般用丧礼之上,先是顿首,再是空首,与先空

首再顿首的吉拜是不同的,先是凶拜,然后踊而战栗,表示极大哀痛。

奇拜:就是一拜,一般用于燕礼、礼中,是国君拜臣下之礼。汉代称为"雅拜",具体就是先屈一膝,然后空首拜。

褒拜:也叫做再拜,是指行使两次以上的空首礼。

肃拜:闲于女子的相见之礼,即屈膝跪地,垂手不至于地而头微俯。

礼制规定,一般的常礼是两拜稽首,到了清初,一般是一跪三叩首。每当朝会大典的时候,臣下对皇带是行使三跪九叩首之礼,是最为尊贵的礼节。

相包礼中,还有"揖"。"揖"也叫作"作揖""揖礼",其动作是双手抱拳前举。而跪则是一种坐席之礼,要求两膝着地,直身,臀部不着脚跟,用来表示尊敬和谢罪之意。长跪是直身而跪,表示庄重的礼仪。

与跪对应的是趋,地位低等的向尊贵的人快步上前低头弯腰,一般用于大臣对君主,晚辈对长辈,下级

◎ 清代官员的"作揖"图

对一级,主人对宾客等。在汉代,趋是大臣对皇帝的朝仪。皇帝在没有登宝座之时,赞礼官高喊一声"趋",大臣们就分文武两列站立在殿门内以趋礼恭候。

"请安"也是相见礼的一种,表示幼者对年长者问候的礼节。一般来说方式是一足跪、一足着地,垂手近于踝关节。后来,这种礼俗变成男子屈左膝,左腿半跪,左手着地,口称"给某请安"。女子请安时,双手抚左膝,右膝弯

曲,往下蹲身,或用手抚双膝,同时屈膝。

与请安礼类似的是"唱喏",是古代男子的礼节,一般增于下级对上级、晚辈对长辈的见面之礼,就是在作揖的同时,口出致敬之言。

迎客

古代宾客之间相见,是非常讲究衣冠整洁的。主宾相见的时候,万一觉得自己衣冠不整,就先装作陌生的样子,关上大门,穿好衣衫后再出来迎接。

迎接的礼节,一般是主人站立在门的右边,意思就是主人在东、客人在西,表示对客人的尊重。把客人迎进大门之后,一到拐弯的地方,都要伸手指引,口中称"请",客人也要回"请"。主人为客人开门、掀门帘子,力求周到入礼。

座席的尊卑和礼仪体现出礼制习俗观念。由于皇帝受臣子朝见时,南面而坐、左东右西,臣子北面而立,左西右东,官位高者在东,官位低的在西,所以右是最尊贵的。

但每个朝代的标准不一样,夏商周三代,朝官尊左,宴饮、凶事、兵事尊右。战国时朝官尊左,军中尊右。秦尊左,汉代尊右。六朝朝官尊左,燕饮尊右。唐宋明清尊左,元代尊右。喜庆以左为贵,吊唁则以右为尊。

在古代的交往当中,许多人自居东向而坐,是对客人的不尊重。在民间,东向而坐,一般为最年长的,几番报辞,才坐上去,请他们上这个座位,实际上也是对长辈的一种孝敬。

室内以面东而坐为最尊贵,在堂中礼节看来,一般是面南而坐的为最尊贵。父母坐在堂中,背部向北面朝南,是最尊贵的。古代吃饭时,父子是不能同席的。

站有站相，坐有坐相

俗话说，站有站相，坐有坐相，在古代则有立容和坐容之说。

有这样解释"站有站相"，站曰："固颐正视，平肩正背，臂如抱鼓。足闲二寸，端面摄缨。端股整足，体不摇肘，曰经立；因以微磬曰共立，因以磬折曰肃立；因以垂佩曰卑立。"意思就是：站立的时候，身子要正身，眼睛要平视，两手相合，掩在袖子里。手放在胸口和下腹的任何地方都可以，即使拿着东西也是无妨的，但是，前额要自然，不能僵直，手臂要柔软。在古代，有一个词，叫作磬折，也就是说，弯腰成玉磬的样子，大概三十度，并配合叉手，是最标准的站礼。

说到坐有坐相，就是古人所说的坐容。"坐以经立之容、脐不差而足不跌，视平衡曰经坐，微俯视尊者之膝曰共坐，仰首视不出寻常之内曰肃坐，俯首低肘曰卑坐。"

在汉代的时候。经坐的坐姿，是正坐，现在叫雅坐，坐时臀部坐在脚跟上，脚背贴地，双手放在膝盖上，目视前方。随着胡床（交椅）及高椅的普及，坐也是端端正正的，两腿不得叉开，双手放在膝盖上，双手可以握拳，冲前方，可收拢抱在腹部。

不论坐席还是坐椅，双腿叉开，露出裆部是不雅的。古代席上称这样坐的方式为箕踞，是对别人的不尊重，是无礼的行为。

称谓

人在社会上交往，首先遇到的便是称呼的问题，称呼不得体，或者把别人的名字念错了，就会失礼。如清代科举考试,有位考官点名时将"錫荼壺"(yang tu kun)误读为"锡茶壶"(xi cha hu),结果贻笑大方。

古人在这方面有一套的严格礼仪。古人有姓、有名,还有字,这些都有不同的含义和用法。姓是某一群人的共同符号,它与原始图腾崇拜及上古的母系氏族社会有关(早期的姓多从"女");名是在社会上使用的个人的符号;字则是对名的解释与补充,与名相表里,故义称"表字"。

《颜氏家训·风操》:"名以正体,字以表德。"因此古人自称要称名,以表示谦虚,如诸葛亮自称亮。尊者对卑者也称名,如君对臣、父对子、老师对学生皆称名。而对平辈或尊辈则要称字,不能直呼其名,以示尊敬。如孔子自称丘,对学生也称其名,如称仲由(子路)、端木赐(子贡)等;而孔子的学生之间则称字,如称子路、子贡等。

古人自己不能称字,否则就是"表德"了,但对别人则要称字,不能称名。如诸葛亮称鲁肃为子敬,称关羽为云长。直呼其名被认为是很不礼貌的。

座次

古代朝廷、讲堂皆以南面为尊,即君主坐北朝南,故称"南面称王";大臣面朝北参见君王,故称"北面称臣"。老师南面授课,学生北面受学。

汉以前,家庭之中堂上以南面为尊,室中以东向为尊。如"鸿门宴"中的座次就是以东向为尊。《史记·项羽本纪》是这样记载的:"项王即日因留沛公与饮。项王、项伯东向坐;亚父南向坐——亚父者,范增也;沛公北向坐;张良西向侍。"刘邦是客人,按说应居上座,但项羽不顾礼仪,自己占了上座,显示了项羽的傲慢自大。

秦汉以后,堂、室结构简化,堂的有些功能被合并于室

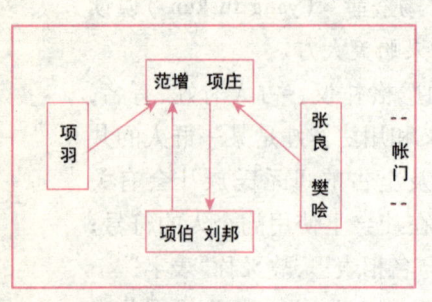

◎ 鸿门宴座次图

中,因此室内的座次相应地发生了一些变化。会见宾客时,一般都是宾在西(右)、主人在东(左),即所谓"东家""西宾"。古人"分宾主坐下",即是这样的坐法。

到了清代的乡饮酒礼,也还是大宾位西北,而作为主人的府、州、县官位东南(见《清史稿·礼八》)。这种习惯一直延续到了今天。

古人车上座次的排列略有不同。古代为马车,故御者居中,主帅居左,警卫居右(又称车右)。因御者左手并辔,右手挥鞭,故须居中。

今之轿车,司机旁是保镖位置,司机后是首长位置,保镖后面是秘书位置。

至于左右位置的尊卑问题,不同的时代又有不同的规定。周代,诸侯朝见天子,其座次以左为尊;到了战国,又以右为尊。秦至西汉仍是右尊左卑。

东汉至唐宋,随着官职的以左为大,座次也基本上变为以左为尊。这种情况一直持续至南宋末。当时的左丞相为吴坚,位在右丞相之上。

元朝曾一度以右为尊,但到了明初,又恢复了以左为尊的习俗。早在朱元璋即位的前一年(1637年)十月,即"令百官礼仪尚左。

◎ 古代的座次示意图

改李善长左相国,徐达右相国"(《明史·太祖本纪》)。直至明后期仍沿其制。清代仍是尚左,其六部中的左侍郎亦较右侍郎位置为高。此后,这种尚左的习俗便一直延续到了现在。

今天,无论政府还是民间,在安排座次时,都有意让地位尊贵的人坐在左边,而晚辈或地位较低的人则在右侧陪坐。

会客

古代到别人家里去作客是有若干讲究的。

《礼记·曲礼上》讲:"将上堂,声必扬。户外有二屦,言闻则入,言不闻则不入。"这是说在进入主人家的大门时,必定要先发出一种声音,以让主人知道是来客了。

古人多半是用清嗓子的方式让主人闻知,如京剧舞台上所表现的那样。今天则可以通过敲门或按门铃的方式告诉主人有客人来到。

这种做法也适用于夫妻之间,丈夫在进入内室时也应先发出一种声音以让妻子知道。《韩诗外传》中曾记载孟子突然进入内室,发现妻子箕踞(一种很不雅观的坐姿),于是向母亲请求休妻。

《礼记·曲礼上》讲:"将入户,视必下。入户奉扃,视瞻毋回。户开亦开,户阖亦阖。有后入者,阖而勿遂。"这是说入门时视线应朝下,不能举目,以免给人造成趾高气扬的感觉。

入门时还要两手当心,如奉扃(门的开关)然,看东西也不要目光来回游移,以防干人之私。门原来是开着的仍要开着,原来是阖着的仍要阖着,必须尊重主人的习惯。最后一个进门的也不要把门关死,以示不拒绝后面的

来客。

行而张拱曰"翔",即两只胳膊像鸟的翅膀一样上下翻动,这样的动作在室内是不允许的。"横肱"是指将两只胳膊横过来,一人占两个人的地方,这样会妨碍并坐者,也是不礼貌的。

古人一般席地而坐,坐时脚后跟与臀部接触,称为"居";如上身挺直,则称为"启"或"跪"。进门后主人请你坐,你就坐,这样既比较舒服,也是尊重主人的意愿。

《礼记·曲礼上》还讲:"毋侧听,毋嗷应。毋淫视,毋怠荒。游毋倨,立毋跛,坐毋箕,寝毋伏。敛发勿髢。冠毋免,劳毋袒,暑无褰裳。"说的是侧耳以听非但不恭,而且易生刺探别人隐私之嫌。"嗷应"即大声呼叫,"淫视"即目不转睛地看某一件东西,"怠荒"谓容止纵慢,都有违礼仪。还有在室内走动时不可表现出倨傲的样子,站立时不可偏任一足(稍息状),坐时不可两腿向前状如簸箕。古人的冠不同于帽子,它是成年男子的标志,故不可以随便免冠。作客时不要袒胸,天再热也不要把下身的裳(秦汉之前男女皆着裳)撩起来。

第五节 尊敬师长
——教育礼

古人常把老师与父母、君王甚至天地相提并论,来倡导尊师重道之行。《荀子·礼论》曰:"礼有三本:天地者,生之本也；先祖者，类之本也；君师者，治之本也……故礼上事天，下事地，尊先祖而隆君师，是礼之三本也。"荀子把老师与先祖、君王相提并论，并且提升到了

◎ 科举考试的场面

"礼之本"的高度。另外，世人还把师与天地君相排列，把万世师表的孔子当做顶礼膜拜的对象。在家中设牌位供奉，一次来释奠礼加以祭祀，又有师徒如父子"一日为师，终身为父"之说，可见，老师在古人心目中的地位之高。

古代师生礼仪

汉魏以后，以周公为先圣，孔子为先师；唐代尊孔子为先圣，颜回为先师。唐宋以后一直沿用"释奠"礼（设荐俎馈酌而祭，有音乐没有尸），作为学礼，也作为祭孔礼。

南北朝时，每年春秋两次行释奠礼，各地郡学也设孔、颜之庙。明代称孔子为"至圣先师"。清代，盛京（辽宁沈阳）设有孔庙，定都北京后，以京师国子监为太学，立文庙，孔子称"大成至圣文宣先师"。曲阜的庙制、祭器、乐器及礼仪以北京太学为准式。乡饮酒礼是祭祀先师先圣的产物。

◎ 至圣先师孔子像（版画）

私塾礼仪

以前上私塾一般在入学时,由学龄儿童家长合议,物色教书先生,并在家长中选出学东。学东负责管理收缴学费,多为谷物,每生全年大约两石。同时,家长们要选择一个房屋,并整理修缮,其中先生用的茶炉、厕所是必不可少的。那时没有现在使用的取暖设备,还需要家长们为先生备好柴火,安排孩子轮流为先生送菜。

上学那天,各家领着孩子,携香纸、爆竹前来。学东把买好的果品、点心、烧好的茶水摆在学堂正中央的方桌上。仪式开始,家长们在一旁烧纸、放爆竹、敬香,学生则排成几列,一齐面向高高在上的"至圣先师孔子之位"下跪叩头作揖,接着向先生行礼。

依照中国古代拜师礼拜师收徒内容有:

第一,弟子向老师赠送六礼束脩。古时六礼包括:芹菜,寓意为勤奋好学,业精于勤;莲子,心苦,寓意为苦心教育;红豆,寓意为红运高照;枣子,寓意为早早高中;桂圆,寓意为功得圆满;干瘦肉条,以表达弟子心意。

第二,行跪拜,双手献茶之礼。

第三,老师回赠礼品。

入学仪式结束,然后学生开始"发蒙",磨墨、试笔、写红摹,年龄大些的则写大小楷。此后每日清晨上学、傍晚放学,学生都要把书本按在胸口向孔子牌位行礼。学生的课桌都是自家带来的,置于先生方桌的两旁。

遇到端午节和中秋节,家长们要向先生送礼。端午节一般送绿豆糕、蛋糕,也有粽子、红蛋,学生带去后在先生家吃饭。饭后,先生会送每个学生一把折扇回礼。中秋节,学生也带礼在先生家吃饭,但无回礼。

私塾的礼仪很多在古籍中有记载,承传古习已久,尤其注重尊师重道,这点值得今人好好学习。

拜师收徒礼

传统的师徒关系仅次于父子关系,即俗谚所谓"生我者父母,教我者师父""投师如投胎"。有的行业,一入师门,全由师父管教,父母无权干预,甚至不能见面。建立如此重大的关系,自然需要隆重的礼仪加以确认和保护。一般拜师礼仪分成如下程序:

第一,拜祖师、拜行业保护神。表示对本行业敬重,从业的虔诚,同时也是祈求祖师爷"保佑",使自己学业有成。

第二,行拜师礼。一般是师父、师母坐上座,学徒行三叩首之礼,然后跪献红包和投师帖子。

第三,师父训话,宣布门规及赐名等。训话一般是教育徒弟尊祖守规,勉励徒弟做人要清白,学艺要刻苦等。

拜师典礼举行的时间、地点,一般都是由师父定的。时间要么与师父的华诞重合,要么就是另外的喜庆吉利的日子,地点普通都在饭庄,当然也有在家里的。

假如是在饭庄,典礼普通在上午八九点开端,中午一二点完毕。假如是在家里,普通就在晚上停止了。很明显,前者的气势要相对大得多。终究怎样办,则要依据师徒双方的详细状况而定,并无完整肯定形式。

以前在举行拜师典礼时,师父或者师母要将本行当的道具赐给徒弟一套,如说书艺人用的醒木、手巾、扇子,说相声用的装白沙子的布袋。当然,有的是徒弟自己就准备好了的,也有的说道具是徒弟出师时由师父赐予。

旧时拜师典礼非常严肃复杂,这一点在拜师帖的内容上特别有体现,拜师帖又称门生帖、写字或字据,常见格式如下:"师道大矣哉,入门授业投一技所能,乃系温饱养家之策,历代相传,礼节盛大。今有×××(师赐艺名×××)甘愿拜于×××门下,受业学××。×年期满,谢师效能×年。课艺期间,收入归师,吃穿由师供应。自后虽分师徒,谊同父子,关于师门,当知恭敬。身受训诲,没齿难忘。情出本心,绝无反悔。空口无凭,谨据此字,以昭郑重。"下面是师徒签字画押,引保代师签字画押。×年×月×日立。

有的还写有"绝路生理,天灾人祸,车轧马踏,投河觅井,悬梁自尽,各听天命,与师无涉。中途停学,赔偿×年膳费"。

拜师字据阐明了拜师学艺的合理性,规则了授业内容、学艺期限、收入分配办法及应担负的义务,确认了师父的绝对权威。同时,也隐示了师徒之间既如父子又如主仆的复杂关系。而含有"投河觅井、悬梁上吊,各听天命,与师无涉"之类字句的拜师字据更近似于卖身契。

有了这样的字据,终究是因何缘由,徒弟觅死,与师无涉,师父可置身事外。而对把自己幼子或幼女送去学艺的父母来说,终究孩子未来如何,也只能听天由命了。

字据是徒弟和师父关系的重要凭证,所以师父把字据看得十分重。假如徒弟要回字据或者师父将字据出借徒弟,就意味着师徒关系的终结。在街头艺人这个另类社会中,字据就仿佛是主体社会具有法律意义的合同,有明显的约束力,而且在街头艺人中,字据具有多重的文化内涵。由于每一位艺人自己的字据规则了每一位艺人的辈分乃至于名字,既是自己身份的标志,又标明了与其他艺人的关系和自己在一个行当中所处的位置,所以字据的习气性约束力无疑强化了街头艺人之间的整合与链条关系。

尊师重教的故事在中国古代非常多,以下介绍一则小故事。

宋代著名理学家杨时,从小就聪明伶俐,四岁入村学,七岁就能写诗,八岁就能作赋,人称神童。他十五岁时攻读经史,熙宁九年登进士榜。他一生立志著书立说,曾在许多地方讲学,倍受欢迎。居家时,长期在含云寺和龟山书院,潜心攻读,写作教学。

◎ 程门立雪图

有一天,杨时与他的学友游酢,因对某问题有不同看法,为了求得一个正确答案,他俩一起去老师家请教。时值隆冬,天寒地冻,浓云密布。他们行至半途,朔风凛凛,瑞雪霏霏,冷飕飕的寒风肆无忌惮地灌进他们的领口。他们把衣服裹得紧紧的,匆匆赶路。

来到程颐家时,适逢先生坐在炉旁打坐养神。杨时二人不敢惊动打扰老师,就恭恭敬敬侍立在门外,等候先生醒来。这时,远山如玉簇,树林如银妆,房屋也披上了洁白的素装。杨时的一只脚冻僵了,冷得发抖,但依然恭敬侍立。过了很久,程颐一觉醒来,从窗口发现侍立在风雪中的杨时,只见他通身披雪,脚下的积雪已一尺多厚了,赶忙起身迎他俩进屋。

后来,杨时学得程门立雪的真谛,东南学者推杨时为"程学正宗",世称"龟山先生"。此后,"程门立雪"的故事就成为尊师重道的千古美谈。

第六节 慎终追远
——丧葬礼

丧葬礼民间俗称"办百事"。远古时代,早期的原始人尚无安葬死者的习俗。《孟子·滕文公上》有:"盖上也尝有不葬其亲者,其亲死则举而委之于壑。他日过之,狐狸食之,蝇蚋嘬之。"意思是说:最初人死之后是被随意丢弃在野外沟壑间,改天在这里路过,发现被野兽、蚊蛆叮咬得不像样子了。

大约在一万八千年前,人类社会有了丧葬习俗。这种葬俗的形成,源自人们灵魂不死的恐惧。先民认为,人死之后,原依附于人体的灵魂就离开了肉体成了鬼魂,鬼魂独来独往,无处不在,具有超人的力量,并且对生的人产生种种或好或坏的作用,因此就在心理上引起了恐惧。为了取悦鬼魂以避灾求福,于是改变了原先随意丢弃死者的轻慢态度,就有了相应的丧葬习俗,以表达对死者的关爱之情。

在传统的人生礼仪中,丧葬礼仪恐怕是最繁琐复杂的。在周朝,这套礼仪已经相当完整而严格了。人们在丧葬的过程中,把对祖先的崇拜和对父母的孝道结合在一起，形成了"事死如事生"的丧葬基本原则。这套礼仪从春秋一直延续到晚清，影响深远。

丧葬礼的程序

选坟地

中国人讲究入土为安，旧时，汉族多采用土葬，土葬首先需要的是坟地。城市一般人家都有自己的祖坟，即私人墓地。坟地是由阴阳先生根据八卦的阴阳五行择定的"风水宝地"，俗称"相阴宅"。那时，凡是能够买得起地的人家都尽可能购置坟地，为的是让自己的祖宗安生。民间普遍认为亡者以"入土为安"。那些赤贫之家无力购地，死后多葬于荒郊，俗称为"乱葬岗子"。

坟地的购置视家族财力而定，有一块地、二块地、三块地之分。一块地三～五亩，家族中的祖先和已成家立业的才能在正位下葬，早夭的儿女均在边角地掩埋；二块地八亩十亩不等，包括前地、后地。前地葬祖先，后地葬未结过婚的、未成年而早夭男女以及侍妾等旁庶人员，一般是前地大、后地小。三块地的分布与二块地类似，只是第三块占的比例极小，称"起土地"，每年扫墓时添坟之土即来源于此。

属纩招魂

病人断气之后，先要把尸体搬到室中南窗下的尸床上，用大殓的杯子盖住死者的尸体，然后为死者招魂。古人相信灵魂的存在，认为人死之初，灵魂不会走得太远，通过招魂或许可以让灵魂回归身体，让人得以复生，所以又把招魂称为"复"。

楔齿、缀足和设奠

招魂之后，用角质祭勺启开死者上下牙齿，为后面的饭含做准备。用矮几压束住死者双足使之端正，以便为死者穿衣。然后，丧主从东阶上堂，将祭品置放在尸体东面的地上，祭奠死者，称为"设奠"。又于堂上陈设帷幕，围隔尸体。

设奠，是表明对死者的爱敬，所以用侍奉生者的礼节来对待他。设奠时，要用朴素的器皿盛装祭品，表明生者真诚的哀痛与亲爱、恭敬之情。

入哭位

因服丧者的地位以及死者关系的不同，其哭泣时的位置也不同。

丧主坐在尸床的东面。丧主的兄弟、堂兄弟皆面向西站在丧主之后。丧主的妻妾面向东坐于床西。他们都是大功以上的亲属（如死者父兄姑姊妹等），在室内。小功以下的亲属皆在户外，妇人坐于堂上，男子立于堂下，皆面北，面向尸床。哭位是按照服丧者的服丧等级来安排的。但天子之丧例外，他是按照同姓、异性、庶姓来区分，然后各就位而哭的。

请茶师傅

茶师傅是指专门帮助人们料理红白喜事的人，也称"茶房"。

这些人专司并包揽了市内城市居民的红白事，按城区划分若干片，分别负责各片的红白事。只要接到死者家属来送信儿，就会根据地域分工马上工作，即通知杠房、棚铺、赁货铺、扎彩乃至酒席处等相关行业为死者准备治丧用具，并进入死者家帮助料理丧事，直至下葬为止。

换装裹

茶房进入死者家的第一件事是为死者"换装裹"。即为死人换上寿衣。这时，要先为死者用酒精或清水沐浴，擦拭身体，绞脸，梳头（男性要剃头，只剃前不剃后，俗称"留后"），修正遗容，最后换上寿衣。

寿衣讲究在生前制作，一般人一过五十岁就可以开始准备寿衣的布料，年过七十岁便可预做寿衣。无论何时亡故，寿衣都是棉的，且以穿单数为吉，即里外的数量有三件、五件等均可。

◎迎"茶房"图

停尸

换好装裹后，要请画师为死者画像，用以布置灵堂。杠房人抬来"床板儿"，也就是灵床，亦称"逍遥床"，将死者安置在床板儿上停灵。死者停灵要头对屋门，并在头前设一小供桌，点上焖灯，摆上供品。其中一定要给死者供上一碗装满饭菜的供品，放一双筷子，谓之"倒头饭"。同时燃香，香的两头点燃，横放在香架上，谓之"倒头香"。此外，在桌前地下放烧纸瓦盆一具，合家举哀焚纸，并于门外焚烧纸糊的轿子，谓之"烧倒头轿"，意在让死者灵魂乘轿上西天。贫穷者可用炊具笊篱代而焚之。

报丧

死者如为移民,家人在请茶房的同时,要派人携供品、黄钱等到土地庙或城隍庙"报庙",为土地爷、城隍爷烧香、送浆水,俗称"送财送水"。在人们的意识里,这似乎意味着给亡故的亲人在阴曹上了户口。土著之家则无此习俗。

尸体安放停当,家属要进行两方面的报丧仪式,一是在宅院门口贴"门报儿""铭旌",悬挂"楮钱纸",立"幡杆";二是由孝子执"六子"(报丧帖子)到亲友家报丧。门报儿相当于告示。门报书写极为讲究。

缝孝衣

其也叫"裁孝衣""扯孝衣",是为死者家眷缝制的衣服,多由亲邻中的中老年妇女(必须是全可人)帮助缝制。帽子、腰带等则多在赁货铺租赁,富有人家多自家缝制。

搭灵棚

这是在死者家庭院内,用木桩、苇席、杉篙等临时搭制棚子(若在屋内,则称"灵堂")。灵棚的样式大同小异,亡男搭正八字形,前宽二十四尺,后宽八尺。顶棚一律高十二尺,开天窗,两边摆屏风,上面画彩画。此外,灵棚四周用黑、白布做花球装饰,两侧供挂挽联。

选材

其也叫"看材",是为亡者筹备棺材。旧时有专门的材厂,既出售木料,也出售现成棺材。一般都由孝子亲自到材厂选材拢制棺木,也称"迎材(寓"财")"。棺木大都是用十三块圆形柏木组成,故称为"十三圆"。

棺材成殓,即为灵柩。若在棺外再做一,亦称柩。柩用水红布里、洋红绉面制成,面上有银耳环,柩外前脸也制有材头字,柩外雇人扎彩,男亡扎五福字,女亡扎莲花。

扎彩

这是一种用纸和竹劈子扎制的随葬品。从事这一手工艺的作坊被称作扎彩作,其可根据需要扎制各种造型的扎彩,其中包括马、牛、车、轿、箱、柜、金山、银山、童男、童女、开路鬼等。

死者若为男,必定得扎车、马,说是供男人在阴间乘坐;若死者为女,少不得扎牛和轿。特别是牛,对女人有特殊意义。

◎ 金棺银尊图

◎ 扎彩图

成殓

其也称"入殓",是将死者抬入棺木的仪式。一般在人死后第三天举行(若第三日不吉,便不计死亡当日,而视第四日为第三日)。届时,死者的亲朋好友、侄男外女都前来与死者见上最后一面。

入殓的仪式是由阴阳先生主持,此时的各种执事、一切人等都要听阴阳先生的,不能各行其是。

盖棺后,入殓的仪式基本结束,直至出殡起灵前。

接三

◎ 荣府丧礼　《红楼梦》插图

这是为死者举行的招魂仪式,于死后第三天晚间举行,人们认为人死三日,已登"望乡台"上望乡,因此,需要让死者知道,家人已等了三日,死者已不可能复生,只能由僧、道诵经超度,这是和家人的最后一见了。这实际上是家属对死者的一种祭奠。

烧七

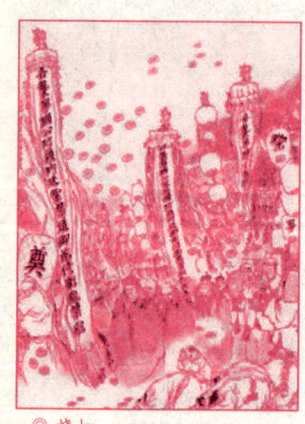

◎ 烧七

在死者倒头后直至出殡前,家人要每日早、午、晚三次焚香烧纸,祭奠,称之"朝奠、午奠、夕奠"。死者停灵期间,以七日为一期(七),按七颂经超度亡灵,并做家祭,焚化纸钱,俗称"作七"。烧七时,闺女要"送箱子""烧包子"。箱子即扎彩,包子是用白纸叠成方形,用剪子剪成连缀不断的纸串。死者有几个闺女烧几个包子,而且每"七"每人都要增加一个。

吊唁

其也称"吊孝"（土语），是对死者悼念的一种重要形式。亲族、邻里结伴而来，一般同辈鞠躬四次，晚辈跪拜四次，然后哭灵。孝子们要在灵旁跪叩陪祭，女儿、儿媳往往号哭且哭中有词，节奏分明。最后，要屈右膝跪拜来吊唁者，谓之"谢孝"。

吊孝中最隆重、最有特色的要属出殡前一天的开吊仪式。开吊前，要聘请阴阳先生测算出开吊时辰，然后由茶房与主家共同商量发放帖子的数量。这种帖子俗称"大帖"，内容写明开吊时间和出殡时间。一般亲朋好友要据此在开吊前来死者家送礼。其礼多为蓝色丝绸，并缀一白纸黑字条幅或账光子(是专门店铺印好的，只须填丧主及送账人姓名即可)，上写"千古""安息""一拜永别""驾赴瑶池"等套语。

◎《红楼梦》中吊唁图

出殡

这是丧俗中的大礼，也称"发引"。在老时人眼里，这家阔不阔，儿女孝不孝以及社会地位高不高，看其出殡的规模便可知道。人们把出殡的隆重与否不仅看成是死者的哀荣，也看做是生者的显赫。

民国以前，大出殡讲究八大抬，即诰封亭（民国以后取消，成为七大抬）、铭旌、影亭、官轿、花亭、灯亭、灵亭（或家庙）、香炉。另有四张桌子，即香兽桌、朝服桌、古玩桌、鲜花桌,以及香谱、雪柳等各种执事一应俱全。这些均在赁货铺租赁。

◎ 扶灵 敦煌壁画 唐代

◎ 慈禧太后出殡照片

下葬

方式有两种,一种是挖穴深埋,填土后堆成坟头,叫"下葬"。穴位由阴阳先生按照"五行""八卦""三元""四象"的方位派人刨好坟坑。棺材入土后,孝子把幡插在坟头上,插三下,拨三下,这样可保后辈可升官发财;另一种是棺材埋地下,上面四周扎苇把,外面随形培土,叫"浮厝",这种方式只限于一些客死者,为便于以后迁回原籍,所以棺材大都较薄、较轻;材头探出很短,称为"行棺"。

下葬后,一般都要在坟前立一长方形石质墓碑,碑文男女有别。墓碑的碑阳书写格式与铭旌、本主牌相同。碑阴写法不一,有刻"生卒年月日",亦有刻行述者,即把生平、功德、为人、事迹写成传记。

◎ 铁槛寺众僧迎灵柩 《红楼梦》插图

◎ 设祭扫墓图

圆坟

这是一种祭奠形式。在葬后三日举行,家属都要到坟前行圆坟礼,为坟培土。还要烧纸钱、上供品,并由死者孙子、孙女(童男童女)绕坟正转三圈,反转三圈,谓之"开门"。人们认为开门后便可以和死者交流感情、叙述衷肠,死者也可接到晚辈们的祭奠和送去的金钱、食物等,在阴间生活富足,不愁钱花。

说五服

死者入土之后,并不意味着丧葬活动的结束,家人和亲戚还要为死者服丧守孝,以示哀悼和思念。

传统的观念认为,婴儿出生后三年不离母怀,因此父母之丧儿女留守孝三年以示回报。其他人则视与死者关系的远近而定服期。

服期长短的不同,决定了服丧者所着的丧服也是不同的。传统的丧服有五种形式,即斩衰、齐衰、大功、小功和缌麻,合称五服。五服的材质、形制和做法都不相同,因而就有了轻重等次之分。五服的穿着一般开始于死者大殓日之次日,称"成服"。丧服在丧仪结束之后的一系列祭悼活动中是必须要穿着的,直至过了按礼制规定的期限之后才可以不穿。

守制与夺情

守制与夺情都和服孝礼制有关,是古代的两种文化现象。

在古代,丧葬礼仪是所有礼仪中最特殊的一种礼仪。这种礼仪所体现的"尊尊"和"亲亲"的孝文化原则,是封建统治赖以生存的基础,因此历代统治者都要借重舆论和法律的力量来维护和保证这种服丧守孝制度的顺利执行。

守制就是居丧服礼,是孝子居丧期间在衣食住行方面必须严格控制和遵守的一种制度。这种制度要求守制者的日常生活一切从简,要像苦行僧一样地过苦日子,不能享乐,并以种种自虐和压抑人性的极端方式来体现所谓的孝道,所以居丧也叫"丁忧"或"丁艰"。丁父忧又叫丁外艰,丁母忧亦叫丁内艰。

《仪礼》《礼记》等规定,嫡长子与承重孙(长房孙)及为人后者,凡值父母或父母丧,须服斩衰或齐衰三年。至汉代提倡孝道,《汉律》明文规定,子不为亲行三年丧者,不得选举为官。其后,魏孝文帝实行汉族礼制,冯太祖,五日不饮勺水,诸臣谏劝始粥;后周武帝母叱奴太后死,武帝居草庐,朝夕供米,群臣表谏数十日才停止,又服衰麻制服听朝三年;南宋孝宗坚持为高宗行三年之丧,其礼士庶大略同。

居丧期间,规定不能听乐观舞,不能娶妻纳妾,不行房事;上层贵族,出入不走正门,上下不由中阶,孝子居倚庐,三年内不饮酒;居官者须解除职务。三年期满,在隆重祭祀,移神位于祖庙后,方能脱除孝服,称为"起灵除孝"。

至清代规定,凡丧三年者,二十七个月服满起复。

做官的如果碰到亲丧,一般就应立即辞去官职回家守制。但若情况特殊则可有所变通,这就是守则中的"夺情"现象了。到了清代更是把这一习惯制定成制度,所有官员必须遵守清沿古制,凡因父母尊长之丧而解任守制的官员,称为丁扰人员。乾隆二十九年(1764年)奉上谕:凡系丁扰之员,一律离任守制。除经特旨酌量留任者外,内而部院堂官,外而督抚等,均不准率行请留。著为定制。此制主要是针对汉族文武官员;其满蒙族丁扰官员无此定制。

为什么出现"夺情"现象呢,按照常理来说,"守制"这条规定并没有什么大碍,毕竟亲人去世,在家守孝是天经地义的事,可是伴随着制度的订立,问题也出来了,比如普通士子好不容易十年寒窗熬成一官半职,还有更甚者考到七老八十才出人头地,有志向的想一展抱负,有私念的想捞点油水,突然有亲人去世又不得不还乡守制,熬过三年,黄花菜都凉了,别说油水,命短的早就呜呼哀哉了,实在不尽情理,如果权臣大将守制,一旦碰上个大事发生,朝廷岂不是连个可用的人都没有了?所以还好中国人聪明,马上就另外发明了一个制度来弥补这个缺陷,这就叫夺情。

光绪八年(1882年),直隶总督李鸿章丁母忧时,朝廷因他久任畿疆,筹办的一切事务非常繁巨,又一直训练直隶军队,时下又添练北洋水师,经理各国通商事务,无人替代,于是催他穿孝百日后,即行回任。李鸿章恳请开任守制,朝廷就搬出雍正、乾隆年间孙嘉淦、朱轼、嵇曾筠、于敏中,及本朝曾国藩、胡林翼等在守制的新旧之例,劝说李鸿章起复。

光绪二十七年,山东巡抚袁世凯理应守制,朝廷以山东地方伏莽甚多,只同意袁世凯休假百日在抚署穿孝,假满后改为署理,照常任事。袁世凯请假回籍营葬时,朝廷又挽留他坐镇指挥,延期归葬。对普通官员则仍然要求按照定制丁忧。由于朝廷在丁忧制度上实行双重标准,使孝治天下的准则为功利事务所左右,也就无法保持礼法的严肃性,"各省实缺候补各官,往往有丁忧逗留省城,营谋局务

◎ 奉旨夺情图(明)

各项差使,延不回籍,竟至习为故常"。

更有名的夺情事例是明代大学士张居正,张居正不守丁忧,继续推行改革,后来成了反对派攻击他的一大证据。

我国古代各个时期的丧葬礼仪

我国古代各个时期的丧葬礼仪都有所不同,不仅反映了先民对逝者的尊重,也体现了中国丧葬礼仪的文化多

样性。

新石器到春秋战国时期的丧葬礼仪

1933年,在对北京周口店山顶洞遗址的发掘中,考古学家发现有男性老人、中年和壮年男女及五岁幼童、初生婴儿各一人。这似乎是一块不同年龄的男女合葬的墓地,值得注意的是老年男子、中青年妇女尸骨的周围撒有赤铁矿粉末。根据民族学的研究,在死者身上或身旁撒赤铁矿粉末,是旧石器时代晚期常见的葬仪之一。红色象征着鲜血,血又是生命的来源和灵魂的寄托之所,在尸体上撒赤铁矿粉,表示给死者以新的血液,赋予新的生命,或者表示他并没有死,只是长眠罢了。

进入新石器时代的晚期,随着民族成员之间的贵贱进一步分化,丧葬仪式也逐渐增加了宗教的内容和色彩。如山东腾县墓葬中已出现了木椁,胶县龙山文化遗址中又有玉琀。

夏商周三代时期,丧葬礼仪已向系统化、程序化的方向发展。特别是周代,"郁郁乎文哉",是一个崇尚礼仪的时代。对周人来说,丧葬礼仪是一种文明的象征。他们认为上古之民穴居野处,故其丧葬礼仪也草率简单。时过境迁,周代的丧葬礼仪文化要比前人文明丰富多了。据记载,当时丧葬礼仪已初具雏形,属纩、三日大殓、棺椁制度、明器制度等都已出现。

到了春秋战国时期,丧葬礼仪已基本具备完形:人初死的时候要举行复礼,亲属登上屋面向着北方为死者招魂,这叫做"复"。这是不认为死者已死,希望他(她)能够复苏的最后一次努力。只有在复而不醒的情况下,才能举办丧事。行复礼时,亲属要不断呼唤死者,是男子要直呼其名,是女子要称其字,因为古代妇女不以名行于世。接着是为死者举行沐浴礼。沐浴时脱去死者的衣服,用盆盛水,用勺子舀水往尸体头上身上浇洒,再用细葛制成的稀巾洗擦。沐浴以后便要举行"敛"的仪式。敛,又作殓,意思是给尸体穿衣下棺。入殓时要往死者的口中放些米,这也叫做"饭"。也可放些玉、壁、珠、贝壳等物,这叫做"含"。具体放些什么东西,一般以死者的身份而定。

死者入殓以后,并不立即安葬,往往要停柩待葬一段时间,这就叫做"殡"。停殡的时间有长有短,例如《左传·僖公三十二年》中说:"冬,晋文公卒。庚辰,将殡于曲沃。"据《春秋》《左传》僖公三十二年的记录,这一年四月以后才葬晋文公,其停殡时间竟达数月。

把灵柩送到埋葬的地方叫"出殡",也就是通常所说的送葬。送葬的礼仪一般是白衣执绋。白衣指送葬者白礼丧服,执绋即是送葬的亲友们牵着栓灵车的绳子。这实际上只是一种形式。到了后世,出殡时在送殡者的行列两旁横拉两根带子,用以表示执绋。春秋战国的这些丧葬礼仪习俗对后世产生了很大的影响,有的甚至流传至今。

秦汉时期的丧葬礼仪

秦汉时期的丧葬礼仪大体上继承了春秋战国时期的丧葬礼仪,并进一步趋于隆重化。汉代的丧葬礼仪大致可以分为三个阶段:一是葬前之礼,这一阶段包括招魂、沐浴、饭含、大小殓、哭丧、停尸等内容;第二阶段为葬礼,包括告别祭典、送葬、下棺三个环节;三是葬后服丧之礼,陪葬之物有金钱珠宝、饮食器具、印绶、兵器、乐器、明器等,"凡生人所用之器,无不可为从葬之器"。

魏晋南北朝时期的丧葬礼仪

魏晋南北朝时期的丧葬礼仪大体上与汉代相同,只是汉代明器陪葬之风甚盛,至魏晋衰落了。但此时在丧葬礼仪上出现了一种渴葬的新现象。所谓渴葬,就是不按传统丧葬礼仪的时间程序而提前埋葬,"朝终夕葬,相尚以速"。此举受到部分士大夫的诘难和反对,他们向朝廷上书疾呼:"请自今士庶宜悉依古,三日大殓。如其不奉,加以纠绳。"但部分士大夫的呼吁并没有改变民间渴葬的盛行。这主要是魏晋南北朝期间,整个社会动荡不安,战乱不停,庶民百姓生活艰难。在这样的历史背景下,平民百姓自然欢迎从简从速的渴葬方式。

唐宋明清时期的丧葬礼仪

当历史车轮进入唐代,丧葬礼仪又反而趋于崇尚周礼倡导的那套模式,在参照周礼的基础上更加系统化、程序化了。当时一死者从断气到丧葬、奠祭完毕,共有六十六道仪式,繁文缛节,不一而足。这也从一个特定的角度反映出唐代盛世的面貌。

宋人对丧葬礼仪也十分重视。宋朝政府为了整饬礼仪,敦厚风俗,曾多次颁发新的丧葬仪注,严立禁约,其中影响最大的当推《政和礼》。北宋许多著名的士大夫也在官修礼书的同时,为整饬礼仪,纷纷著书立说,畅谈各自的观点。例如北宋司马光根据《仪礼》而参照当时可行的丧葬礼仪,撰成《司马氏书仪》。他所制定的丧葬程序,虽然仍旧基本沿用前代,但已根据当时民间的社会习俗作了一些删改厘订,多为当时士大夫所遵奉。此外,南宋儒学大师朱熹又以《司马氏书礼》为基础,酌古今之制而有所增删,撰成《朱子家礼》。

明、清两代的丧葬礼仪主要依据《仪礼·士丧礼》,另外参考了《朱子家礼》,形成一套隆重而繁琐的丧葬礼仪。

第五章

民俗礼，具情趣

第一节 骨子里的颜色
——礼尚红、黄

我们中国人自称为是炎黄子孙,而古时炎帝部落崇尚火而尚红色,黄帝部落崇尚土而尚黄色,因此国人认为红、黄二色是最吉祥的。古今国人偏爱红色、黄色,并有着浓厚的文化内涵。

大吉大利的红色

国人的认知和文化结构表现出明显的红色情节,在中国的传统文化里,红色具有喜庆、兴旺、昌盛、繁荣、吉祥、好运、胜利、温暖等多种美好的寓意。

重要节日,中国人会把大红灯笼高高挂,以示庆祝。特别是春节,红色更是营造喜庆和热闹气氛的主角,除了随处可见的大红灯笼,墙上会贴红底黑(金)字的对联和"福"字,祭祖敬神的供桌上燃放的蜡烛是红烛,摆放的是红色的筷子。比较讲究的人家过年分发的红包也用红色纸包着。

在一些重要仪式上,如开业剪彩会用大红花,请柬、喜帖要写在红纸上。在按照传统模式举办的婚礼上,新娘要穿红色的衣服,婚房里贴着红色的"囍"字,燃红烛,铺红色桌布,连鞭炮也是用红色的纸加工制作的,此时的红色不仅代表了喜庆,还表达了人们祈求好运及幸福美满生活的美好愿望。

尚红源于古老崇拜

古人认为烈日如火,其色赤红,因此,看到阳光下的万物生机勃勃,就产生了对太阳的依恋与崇拜,自然而然,象征太阳的红色也就备受青睐。

这种崇拜由来已久,其中有名的"夸父逐日"故事流传了几千年。夸父逐日的故事是这样的:

传说黄帝王朝时代,在北方大荒中,有一座大山,拔地而起、高与天齐,故曰"成都载天"。大山削岩绝壁间云雾缭绕,松柏挺立,一派雄伟壮丽的景色。在这仙境般的大山上,居住着大神后土传下来的子孙,叫夸父族。他们个个身材高大,力气足,专门喜好替人打抱不平。当南方蚩尤被黄帝打败,派人来夸父族求援时,夸父族觉得应该帮助弱者,于是决定出兵参加反对黄帝的战争。蚩尤族人得到了夸父族人的帮助,如虎添翼,再和黄帝作战时已经势均力敌了。

黄帝的军队的败北,急得黄帝一筹莫展。于是上泰山去找各路神仙帮忙,有一个自称"玄女"的妇人前来拜见黄帝,教他兵法。接着又有人给黄帝送来了昆吾山的红铜,供他造宝剑用。从此,黄帝借此所学行军布阵。

在逐鹿大战中,黄帝终于击败联军并杀死蚩尤,剩下的夸父族人跑回了原住地。

不久,大地发生了严重的旱灾,太阳象个大火球,烤得大地龟裂,江湖涸干,一片荒凉。夸父族全体出动找水抗旱,但江湖涸干,到哪找水呀?夸父首领气急了,发誓要把太阳摘下来。太阳见夸父真发火,也有点心慌,加快速度向西落去。夸父首领拔脚就追。太阳滑行得更快了,一面向夸父射出热力,想阻止他前进。夸父尽管汗如雨注,却不肯停步。

追呀追呀!夸父瞬息间已追了万里。看看快追到太阳落下的地方——禺谷,"看你往哪逃!"夸父高兴极了!太阳眼看无处可逃,冷笑几声,杀了个回马枪——将所有的热量一齐向夸父射去。夸父一阵头晕目眩,眼前金星乱迸,口

◎ 夸父逐日图

干舌焦,双手不觉软垂。"不能倒下去!"夸父一面鼓励自己,一面俯身去饮黄河的水,想喝点水后再捉太阳。哪知他喝干了黄河,连渭水也喝干了,还是感到口渴难忍。倔强的夸父决心去喝大泽的水,再去和太阳较量。大泽又叫瀚海,是鸟雀们生幼和更换羽毛的地方。夸父刚走到大泽边,还没俯下身来,就一阵头晕,轰地一声像座大山似的倒下了。

夸父遗憾地看着西沉的太阳,长叹一声,把手杖奋力往太阳抛去,闭上眼睛死了。第二天早晨,太阳神气活现地从东方升起,看到颓然而倒化成大山的夸父,也不由暗暗钦佩夸父的勇气。说也奇怪,经太阳光一照,夸父的手杖竟化成一片桃林,满树挂着硕大的果实。

夸父追日的传说虽然不切实际,但他表现出古人一种大无畏的精神,也显示出原始社会人们对太阳的敬畏。

人们对阳光有一种本能的依恋和崇拜外,还由于钻木取火、刀耕火种的生活加速了先民对火的认识,培养了他们对红色的亲近感。

另外，在远古时代，我们的祖先就深知血液对于人的重要作用，因而，对血液的颜色、红色也格外崇拜，这也是我们祖先对生命敬畏的最直接的体现。

太阳带来光明，火能带来热量，驱赶寒冷和野兽，而"歃血为盟"则是一种宣誓的象征。红色的喜庆和吉祥之意自然而然地产生了。红色的褒义语义逐渐延伸，在汉文化里成为了各种美好寓意的集合体。

尚红的历史

中国历史上，最早使用的颜色是黑、白、土红和赭石色，红色是最早的"流行色"。到奴隶制社会，青、赤、白、黑、黄这五种颜色被认为是代表东、南、西、北、中和木、金、水、土、火的五方正色。

我国封建时代，夏朝流行黑色，殷商时期流行白色，周朝流行红色，并给了红色正统地位。

在汉朝和明朝，因为国家都兴起于南方，南方表火，为朱雀，所以在当时，国家政治和文化中都提倡使用象征火的红色（这也是故宫红墙红柱的来历之一），汉代时日为国家图腾，太阳象征永恒、光明、生机、繁盛、温暖和希望，自然红色也就拥有了太阳的象征意义。

汉、明两个朝代是中国最强盛的时期，同时对中国影响最深，所以渐渐地，红色文化渗透到了中国的各个方面，成了民族的代表色。

中国红

中国红（又称绛色）是三原色中的红色。中国红代表了中国人的魂，成为中国人的文化图腾和精神皈依。

以红色为主色，调衍生出众多中国红系列：娇嫩的榴红、深沉的枣红、华贵的朱砂红、朴浊的陶土红、沧桑的铁锈红、鲜亮的樱桃红、明妍的胭脂红、羞涩的绯红和暖暖的橘红。它们与青花蓝、琉璃黄、国槐绿、长城灰、水墨黑和玉脂白构成一道缤纷的中国传统色彩风景线。

中国红意味着平安、喜庆、福禄、康寿、尊贵、和谐、团圆、成功、忠诚、勇敢、兴旺、浪漫、性感、热烈、浓郁、委婉；意味着百事顺遂、驱病除灾、逢凶化吉、弃恶扬善……

从朱门红墙到红木箱柜；从孩子的贴身肚兜到以中国红为主题的婚礼；从本命年的腰带、佩玉的流苏到寿星的寿服寿桃；从添丁进口时门楣上挂的红布条到孩子满月时做的"满月圆"；从铭刻着权力的印泥到记录着功勋的锦旗；从闻名遐迩的"红、绿、黄"唐三彩到景德镇最负盛名的"祭红"瓷……中国红就这样以农耕文化为依托，以家族意识为核心，经过无数代潜移默化的熏陶，深深地嵌入了中国人的灵魂，成为当之无愧的安身立命的护身符，镇守着儒释道三教合一的理想疆土。

高贵的黄

班固的《白虎通义》中说到："黄者，中和之色，自然之性，万古不易"。说的是黄色乃中和之色，介于黑白赤橙之间，是诸种颜色的中央之色。

这种中和色与中华民族的性格相吻合，且中国"古代人民悉为黄种"，又有"黄帝者尤言黄民所奉之帝王耳"的说法，因此中华民族独选黄色为尊贵之色。"黄""皇"同音，因此又被视为皇权的象征，为统治阶级所垄断。从隋朝开始，就只有帝王才能穿黄袍了。到了唐朝，黄色就已被规定为代表皇室的色彩，到宋朝宋太祖赵匡胤，为争夺皇位发动了陈桥兵变，兵变之后，他身边的人赶快把一件黄袍披到他身上，赵匡胤光明正大地当了皇帝，成了宋太祖,这就是历史上有名的"黄袍加身"的故事。

到了清朝,黄色成为皇族独霸的颜色。清朝有位名叫年羹尧的大将,本来是平定青海叛乱的功臣,后来被皇帝判罪,其中一条罪名就是因为他出门时用黄土填路,用了黄色的荷包和包袱。由此可见,随着封建社会的发展,黄色已经不只是一种颜色,而成为一种权力的代表。

第二节 洞房里的故事
——礼尚吉祥

拜天地

这是旧时举行婚礼时,新郎新娘参拜天地后,复拜祖先及男方父母、尊长的仪式。也有将拜天地、拜祖先及父母和夫妻对拜统称为拜堂。唐代,新婚之妇见舅姑,俗名拜堂。北宋时,新婚日先拜家庙,行合卺礼,次日五更,用一桌,盛镜台镜子于其上,望上展拜,谓之新妇展拜。

我国传统婚礼上新郎、新娘都要拜天地,即一拜天地、二拜月老、三拜高堂。这个拜天地的风俗是何时形成的呢?

相传女娲造人的时候,开始只造了一个俊俏的后生,这后生虽说有吃有穿,逍遥自在,但孤孤单单一人,总觉得很闷,所以常唉声叹气。一天晚上,月亮圆了,明光光地挂在天上,小伙子触景生情,更感寂寞,就对月亮说:"月老月老你细听,给我找个知心人,我世世代代领你的情!"话音刚落,月亮一忽闪,一个白眉长须的老人拄着一根龙头拐棍来到小伙子的面前,说:"后生不要愁,我给你找个小帮手"。说完后,一阵清风,长须老人不见了。

小伙子感到很纳闷。过了一个时辰,就见长须老人领着一个姑娘飘悠悠地落到小伙子面前,对小伙子说:"我到女娲那里,让她又造了一个女人,给你领来了。你们先认识一下,一会儿我给你们办喜事。"一忽闪,老人又不见了。

看着面前的姑娘脸腮绯红,像月季花一般,小伙子喜上眉梢;见着跟前的小伙子眼睛明亮,诚实坦白,姑娘也觉得情投意合。两人四目一对、一见钟情。小伙子结巴着说:"你愿意和我一块生活吗?"姑娘听了,脸上飞起两朵红云,含羞说道:"愿意……"

"哈哈哈!"正在这时传来一阵笑声,长须老人领着两个白发白须的老人突然出现在小伙子和姑娘面前。长须老人指着两个老者说:"这是天公和土地,你们以后的生活全都离不开他俩。现在我们给你们办喜事,首先,给养育你们的天公、土地拜三拜,'一拜、二拜、三拜'。"随着月下老人的喊话声,小伙子和姑娘对天、地拜了三拜。随后,月下老人笑着说:"我给你们牵红线,你们还得给我拜拜哩。""一拜、二拜、三拜"。小伙子和姑娘又对着月下老人拜了三拜。拜完,三位老人全又不见了。

从这以后,小伙子每天起早摸黑,在田里干活,姑娘在家为小伙子烧火做饭,缝新洗旧,两人恩恩爱爱,过着幸福的日子。

为了感谢天、地的养育之恩,为了感激月下老人牵线搭桥的情意,从此以后,人们在结婚时,必须一拜天地,二拜月下老人，三拜父母，形成了结婚"拜天地"的习俗。

新郎新娘入洞房的由来

新郎新娘入洞房，据说是来源于一个故事。

从前，在一个村里住着个叫新郎的小伙子，他独自一人住着三间草房，靠开饭铺过日子。新郎很有才，三里五乡的人有什么难事都找他。他在自家门上挂了个牌子，上面写着："有志不在年高，无志枉活百年。"

有三个皮匠去赶庙会，这一天，路过新郎的家门，看见这个木牌子，感到稀罕。一个皮匠说："口气不小，进去看看。"

他们三人遂进门，新郎赶紧出来迎接，礼貌地说："三位老兄，来来来，屋里坐。"他又搬凳子又倒茶，一阵忙活，又问："三位老兄，有什么事？"

"没事，我们路过门口，见牌子上写得挺文明，想请你办件事，不知能不能办到？"

"让人让到底，送人送到家。你们有什么事，尽管说吧。"

大皮匠说："我想要像太阳一样大的一个馍。"

二皮匠说："我想要像海一样大的一瓮油。"

三皮匠说："给我织路那么长的一匹布。"

新郎听了哈哈大笑："三位老兄，得多长时间？"

三人再一商量，嗯，怕夜长梦多，就又说道："三天就要。"

说完三人走了。

第三天，三人早早来了，进门就喊："新郎在家吗？"

"在。"

大皮匠问："我要的馍，怎么样了？"

新郎不慌不忙地说:"我给你把面发上了,你去量量太阳有多大,弄准了我再蒸。"

大皮匠一听傻了眼,愣了一会儿,忙说:"不要了,不要了,你爱蒸多大蒸多大吧。"

二皮匠说:"海一样大的一瓮油,你准备好了吗?"

"你把大瓮搬过来,我就给你装油。"

二皮匠一听,连忙红着脸羞愧地说:"我本来想难为你,你倒难起我来,不要了。"

接下来是三皮匠:"我要的布,织好了吗?"

"你把路量量有多少丈多少尺,我织的时候好有个头哇!"

三皮匠一听也"哧"一声笑了,摇摇头说:"不要了,不要了。"

新郎看他们一个个没话说了,才开了腔:"三位老兄,早听说过你们见多识文,今天求你们办点事。"

"有什么事,尽管说。"

新郎说:"我要六证,帮我买去吧。"

三人一听,你看看我,我看看你,都不知啥叫六证,也不好意思问一声,偷偷一商量,决定到别处打听去,不能让小伙子看出他们没本事。

于是他们走到哪儿,打听到哪儿,就是没有一个知道的。这天来到一个山头,这山叫黄花山,看见一位漂亮姑娘正洗衣裳。他们上前施个礼,说:"请问姑娘,你们村有没有卖六证的?如果有,要多少钱给多少钱。"姑娘一听咯咯笑了:"我家就有六证。"

这位姑娘叫陈娘,也是个有才的女子。回到家里,她翻箱倒柜,拾掇出六件东西:剪子、梳子、镜子、斗、秤和算盘。姑娘对三个皮匠解释说:"裁衣裳剪子为证,梳头梳子为证,容颜好不好镜子为证,斤两大小秤为证,过量米面斗为证,结算账目算盘为证,这就是六证。"

三人听陈娘说得有条有理,非常佩服,说道:"我们找了多少天,不想来你这儿找到了,要多少钱吧?"

"一分钱不要。只想问问你们是给谁找的?"

"给一个叫新郎的小伙子。"

"噢,以后有什么事还来这儿找我。"

"请问姑娘大名。"

"我叫陈娘。"

三人高高兴兴带着六证回来了,见到新郎把东西一交,说:"你看这是不是六证?"

"是是,正好,在哪买的?"

"在黄花山,一个叫陈娘的送给的。"

"有多大岁数?"

"十八九岁。"

"三位仁兄啊,烦劳你们再跑一趟吧。"

"行。"

"给她带上几句话。"新郎说着,提笔写道:"寅时想姑月偏西,菜在园中水在溪。家中有米无人煮,床上有枕少个妻。"下缀"新郎"。他叠了又叠,折了又折交给了他们。

三人直奔黄花山,找到陈娘。她看完信笑了笑,拿出笔来写了这样几句:"屋中无梁,没檩没墙,冬暖夏凉,天然一堵石头墙。"三皮匠回来,把信交给新郎。新郎拆开一看,哈哈大笑:"多谢三位老兄,这事你们甭管了。"

新郎多聪明!一看就知道,陈娘住在一个石洞里,邀他去那里。他急急忙忙打点了行装去找陈娘。走到一座山上,在一个石洞前遇见一位姑娘。就上前施礼:"姑娘,向您打听个人,可曾知道?"

姑娘说:"说吧,这一片儿有名有姓的我都知道。"

"有个叫陈娘的,住在哪里?"

"你是……"

"我叫新郎。"

姑娘脸一红:"我叫陈娘。"

"你叫我好找!"

"你叫我好盼!"

当天晚上,两人在山洞里成了亲。新郎说:"你别叫陈娘了,以后改叫新娘吧。"

打这儿起,人们就把新婚的男女称为新郎、新娘,结婚的第一天晚上叫入洞房。入洞房实际上是入山洞。三媒六证的说法据说也是从这儿兴起来的。

闹洞房的来由和讲究

闹洞房是任何婚礼都不可少的内容,它是婚礼的高潮,也是最热闹、最有趣的节目。

在民俗中,人们认为洞房中常有狐狸、鬼魅作祟,为了趋逐邪灵的阴气,增强人世的阳气,于是闹洞房,所以民间俗语说"人不闹鬼闹"。新婚之夜,亲戚朋友围坐房中,对新娘百般戏谑,称为"闹房""戏新娘"。

闹洞房的习俗起源甚古,《汉书》记载"燕地嫁娶之夕,男女无别,仅以为荣。"闹房之俗可能起源于"听房"。

在新婚之夜,亲朋好友在洞房窗外窃听新媳妇的言语和动作,人们感兴趣的无非就是男欢女爱之事。从性心理的角度讲,这种举动似乎正是弗洛伊德理论中的"意淫"之举。以后逐渐演变成为戏弄新娘的闹洞房。此种风俗行至唐代,风行民间,不但男方亲属,贺宾客朋都有戏弄新娘的权利,连不相干的陌生人也可以中途阻拦,品头论足,抚摸取笑。

闹洞房的方式各种各样,各地有同有异,总括起来可分为文闹和武闹两种。文闹是以较文雅的方式闹洞房。往往都是向新娘出谜语、对对子,请其讲述恋爱经历及平常不见于口的男女之事,山西民间又称"说令子",妙趣横生,迫使新娘无法对答而大出洋相,借以取乐。"是夕,好事者多以谈谐语编为词调,强使新妇歌之,名曰'闹房'。"

武闹是使用较为粗野的方式闹洞房,不仅口出秽言,还对新娘动手动脚,颇有恶作剧的性质。

◎ 听房图

闹洞房时,平辈、晚辈、亲戚朋友,同学同事均可参加,他们拥入新房,嬉笑逗乐,极尽所能,想出种种方式。俗话说"三日没大小",除了爹妈都能闹。这期间,人们之间随随便便的关系是礼俗所允许的,很多禁忌都被解除了,颇似西方文化中的狂欢节。

无论如何戏闹,如何难以接受,新娘是万万不能反目生气的。如若气走了闹洞房的人,将被视为是新娘的任性,人缘不好,日后的光景就不会好过。

闹洞房是对新婚夫妻的一种祝贺方式,在功能上也是对新婚夫妻的考验,包括机智与耐心,原本是一种"关口考验",但在民间往往行之过分,成为陋俗。

综观闹洞房之俗,首先,这是一种人们性意识的外化与下意识的冲动,人们从闹房戏妇与抚妇之中,表现了对异性的某种挑逗,发泄出来之后便可克服既羡且忌的心理,以达到性在"下意识"界域的某种平衡,这种对异性的态度与行为在平时是受到严格限制的,闹洞房正好提供了一种机会。

其次,闹洞房是传统婚姻中包办婚姻的产物。因为只有在新婚典礼之后,激动的新郎才可揭开新娘的红盖巾,这对新人以前不相识,无相交,更无情感的沟通,第一次见面便要共坠爱河,显然是陌生和难堪的。因此,闹洞房习俗可以消除彼此的距离和陌生感,协调俩人之间的紧张气氛,融洽感情。无疑,洞房之闹是百米赛跑前的必要准备。

再者,闹房可以使双方的亲友们熟悉起来,显示家庭宾朋满座,兴旺发达,增进亲友间的沟通与感情,以及邻里间的和睦。

热闹是中国人生活的美学理想,闹洞房正是臻于此境的手段。

交杯酒与结发夫妻

新郎与新娘的"交杯酒"是每一个结过婚或参加过婚礼的人非常熟悉的。"合卺"就是指新婚夫妻在洞房之内共饮合欢酒。卺是瓢之意,把一个匏瓜剖成两个瓢,新郎新娘各拿一个,用以饮酒,就叫合卺。

合卺始于周代,后代相卺用匏,而匏是苦不可食之物,用来盛酒必是苦酒。所以,夫妻共饮合卺酒,不但象征夫妻合二为一,自此已结永好,而且也含有让新娘新郎同甘共苦的深意。正如《礼记》所载:"所以合体,同尊卑,以亲之也。"

宋代以后,合卺之礼演变为新婚夫妻共饮交杯酒。《东京梦华录·娶妇》记载:新人"用两盏以彩结连之,互饮一盏,谓之交杯。饮讫,掷盏并花冠子于床下,盏一仰一合,谷云大吉,则众喜贺,然后掩帐讫。"这个仪式的象征意义是意味深长的。

用彩绸或彩纸把两个酒杯连接起来,男女相互换名,各饮一杯,象征此后夫妻便连成一体,合体为一。当然很多情况下,"惟新妇羞涩,不肯染指一尝"(《解县志》)。

饮过之后把杯子掷于床下,以卜和谐与否,如果酒杯恰好一仰一合,它象征男俯女仰、美满交欢、天覆地载,这阴阳和谐之事显然是大吉大利的了。

民国时期,民间结婚,拜天地之后,"导入洞房,婿先进,上床踏四角,新娘继入,坐床后隅,饮交杯酒,是曰'合卺',合卺之后,尚有谒祖日见勇姑等礼,大抵于结婚之翌日行之"(《浮山县志》)。

按民俗传统,交杯酒是在洞房内举行的,所以都把合卺与入洞房连在一起,但不管此俗的表现方式有何不同,其寓意与心态都是一致的,结永好、不分离的暗示对于新婚夫妻今后长期的婚姻生活都会产生影响。

在交杯酒过后,常常还要举行结发之礼。结发在古代称合髻,取新婚男女之发而结之,新婚夫妻同坐于床,男左女右。不过,此礼只限于新人首次结婚,再婚者不用。人们常说的结发夫妻,也就是指原配夫妻。娶妾与续弦等都不能得到结发的尊称。

古代婚俗中,结发具有非常庄重的意义,因为结发意味着"第一次"。在男女授受不亲,人们一生中深交的异性寥若星辰的情况下,结发,意味着第一次接受了异性的新鲜,第一次发出会心的微笑,第一次品尝了爱的幸福,第一次组建了属于自己的家庭。后来这一习俗虽逐渐消失,但结发这一名词却保留下来了。结发夫妻受到人们的尊重,结发象征着夫妻永不分离的美好含义。在男人们可以娶妾、养姨太太的时代,结发夫妻就显得尤为突出,以至于不论是朝为田舍郎,暮登天子堂的新科进士,还是突发横财的商人地主,在攀援富贵、寻花问柳、续纳小妾之时,一般都要对结发夫妻保持一定的尊重。

洞房验贞

在《诗经》中，我们可以读到许多妇女与情人们私奔的故事，至少在孔子时代，社会上层中，男女之间的性关系之混乱多少有如坠落的罗马时代。当时离婚很容易，再婚也并不难，少女的贞操还不是人们特别关心的问题。

随着儒学的兴起，特别是宋代的理学泛滥之后，妇女被认为要对社会道德负起责任，理学家们强迫妇女生活在禁闭的世界里，寡妇再嫁是道德上的罪恶，极其珍视妇女的贞洁。

此后，中国人对于妇女贞洁的崇拜也就成了一种心理上的痴迷。这种痴迷的一个恶劣的例子便是所谓的"洞房验贞"。这种习俗把新娘子的贞洁与否，变成了一种当场验明并有众人在一旁作证的赤裸裸的处女检验，可悲的是，新郎并不以为这是对自己情感的亵渎，新娘也不觉得是对自身人格的侮辱。习俗已经扭曲了人们的心灵。

洞房验贞的习俗在民间被称作"验红""授巾"，一般是在结婚之日，由新娘之母送给女儿或者女婿的白色巾帕，以为初行房事时之用，民间也称"喜帕"。

旧时，历朝定婚礼都有授巾之礼。有的地方如广东，授巾之后，新郎新娘关门入室，云雨做爱，而新郎的父母亲友则在门外静候，风流之后，新郎手捧朱盘，盘内放着所授之巾，盖以红帕，其所示新娘为处女新红，众人皆大欢喜，纷纷表示祝贺，并以烧猪送于新娘娘家。

在此之前，娘家人一直惴惴不安，唯恐新娘不见处女红。由于处女膜是否破裂成为检验贞女的唯一标准，一旦未见其红，新郎与家人便要归因于新娘不贞，至少在心理上要产生很大的猜忌与不和，形成隔膜。轻者使新娘无言以对,受辱终生,在婆家和丈夫面前无地位,重者由媒人遣送女子返回娘家。

重视处女红是中国社会的普遍观念。善于观察的文人们又把其赋予了浪漫的情调。王实甫的《西厢记》在记述了张生与崔莺莺的幽会之后,特别提及香巾,他写道:"(后庭花)春罗儿莹白,早见红香点嫩色,灯下低睛觑,胸前着肉揣,畅奇哉,浑身通泰,不知春从何处来。"

陶宗仪的《辍耕录》记载了一个人娶新娘后未见处女红,文人袁可潜赠与如梦令一首"今夜盛排宴筵,准拟灵芳一遍,春已去时,问甚红深红浅,不见,不见,还你一方白绢。"

◎ 古代"验贞"图

第三节 过年节的风俗
——礼尚团圆

"过个大年,忙乱半年",古人从腊月开始忙"年事",一直到过了元宵,这年才是过完了。那么年是什么?

年是谷穗沉沉下垂的的形象,是收获的象征,所谓"五谷熟曰年"。古文《尔雅·释天》中称:"夏曰岁,商曰祀,周曰年,唐虞曰载。"这说明自周代就有"年"的称谓。甲骨文中的"年"字称为"稔熟",指谷类成熟。《国语·郑语》中写道:"凡周存亡,不三稔矣。"农民把庄稼从种到收为一"年"。故古人称:五谷皆熟为"有年",五谷大熟为"大有年",所谓有"年",就是有了好收成。后将庆丰收之日为过"年"。

◎ 年字的字源演变

还有一种说法,"年"是一只怪兽,一年四季都在深海里,只有除夕才爬上岸来。它一上岸,所到之处便是洪水泛滥。后来人们在家门口贴起红纸,院子里烧柴禾、拢旺火,用菜刀剁菜肉,发出雷鸣般的声音,把"年"吓回了海里,于是就有了除夕贴对联、挂彩灯、穿新衣,还要剁饺馅包饺子,晚上还要拢旺火、烧柴禾,这个过程就是年了。

古代人是怎样过年的呢?我们先来听听这首"年节歌":

二十三祭灶天,

二十四写联对,

二十五做豆腐,

二十六割年肉,

……

初一初二磕头儿,

初三初四耍球儿,

初五初六跳猴儿,

……

 祭灶

我国春节,一般是从祭灶揭开序幕的。民谣中"二十

三,糖瓜粘"指的即是每年腊月二十三或二十四的祭灶,有所谓"官三民四船家五"的说法,也就是官府在腊月二十三,一般民家在二十四,水上人家则为二十五举行祭灶。

祭灶是一项在我国民间影响很大、流传极广的习俗。旧时,差不多家家灶间都设有"灶王爷"神位。人们称这尊神为"司命菩萨"或"灶君司命",传说他是玉皇大帝封的**"九天东厨司命灶王府君"**,负责管理各家的灶火,被作为一家的保护神而受到崇拜。

灶王龛大都设在灶房的北面或东面,中间供上灶王爷的神像。没有灶王龛的人家,也有将神像直接贴在墙上的。有的神像只画灶王爷一人,有的则有男女两人,女神被称"灶王奶奶",这大概是模仿人间夫妇的形象。灶王爷像上大都还印有这一年的日历,上书"东厨司命主""人间监察神""一家之主"等文字,以表明灶神的地位。两旁贴上"上天言好事,下界保平安"的对联,以保佑全家老小的平安。

灶王爷自上一年的除夕以来就一直留在家中,到了腊月二十三便要升天,去向天上的玉皇大帝汇报这一家人的善行或恶行,送灶神的仪式称为"送灶"或"辞灶"。玉皇大帝根据灶王爷的汇报,再将这一家在新的一年中应该得到的吉凶祸福的命运交与灶王爷之手。因此,对一家人来说,灶王爷的汇报实在具有重大利害关系。

送灶多在黄昏入夜之时举行。一家人先到灶房,摆上桌子,向设在灶壁神龛中的灶王爷敬香,并供上用饴糖和面做成的糖瓜等,用饴糖供奉灶王爷,是让他老人家甜甜嘴。

有的地方还将糖涂在灶王爷嘴的四周,边涂边说:"上天言好事,回宫降吉祥。"这是用糖塞住灶王爷的嘴,让他别说坏话。在唐代著作《辇下岁时记》中,间有"**以酒糟涂**

于灶上使司命（灶王爷）醉酒"的记载。

人们用糖涂完灶王爷的嘴后，便将神像揭下，和纸与烟一起升天了。

有的地方则是晚上在院子里堆上芝麻秸和松树枝，再将供了一年的灶君像请出神龛，连同纸马和草料，点火焚烧。院子被火照得通明，此时一家人围着火叩头，边烧边祷告：今年又到二十三，敬送灶君上西天。有壮马，有草料，一路顺风平安到。供的糖瓜甜又甜，请对玉皇进好言。

送灶君时，有的地方尚有乞丐数名，乔装打扮，挨家唱送灶君歌，跳送灶君舞，名为"送灶神"，以此换取食物。

送灶习俗在我国南北各地极为普遍，鲁迅先生曾写有《庚子送灶即事》诗："只鸡胶牙糖，典衣供瓣香。家中无长物，岂独少黄羊。"他在《送灶日漫笔》一文中说："灶君升天的那日，街上还卖着一种糖，有柑子那么大小，在我们那里也有这东西，然而扁的，像一个厚厚的小烙饼。那就是所谓胶'牙饧'了。本意是在请灶君吃了，粘住他的牙，使他不能调嘴学舌，对玉帝说坏话。"

鲁迅诗中提到"黄羊"的典故，出于《后汉书·阴识传》："宣帝时，阴子方者至孝有仁恩。腊日晨炊，而灶神形见，子方再拜受庆；家有黄羊，因以祀之。自是巳后，暴至巨富。至识三世，而遂繁昌，故后常以腊日祀灶而荐黄羊焉。"阴子方看见灶神，杀黄羊祭祀，后来交了好运。从此，杀黄羊祭灶的风俗就流传下来了。

腊月二十三日的祭灶与过年有着密切的关系。因为，在一周后的大年三十晚上，灶王爷便带着一家人应该得到的吉凶祸福，与其他诸神一同来到人间。灶王爷被认为是为天上诸神引路的。其他诸神在过完年后再度升天，只有灶王爷会长久地留在人家的厨房内。迎接诸神的仪式称为"接神"，对灶王爷来说叫做"接灶"。接灶一般在除夕，仪式要简单得多,到时只要换上新灶灯,在灶龛前燃香就算完事了。

俗语有"男不拜月,女不祭灶"的说法。有的地方女人是不祭灶的,据说,灶王爷长得像个小白脸,怕女的祭灶,有"男女之嫌"。

对于灶王爷的来历,说起来源远流长。在中国的民间诸神中,灶神的资格算是很老的。早在夏代,他已经是民间所尊奉的一位大神了。据古籍《礼记·礼器》孔颖达疏:"颛顼氏有子曰黎,为祝融,祀为灶神。"《庄子·达生》记载:"灶有髻。"司马彪注释说:"髻,灶神,着赤衣,状如美女。"《抱朴子·微旨》中又记载:"月晦之夜,灶神亦上天告人罪状。"这些大概是祭灶神的来源吧。

◎ 祭灶图

扫尘

举行过灶祭后,便正式地开始做迎接过年的准备。每年从农历腊月二十三日起到除夕止,我国民间把这段时间叫做"迎春日",也叫"扫尘日"。扫尘就是年终大扫除,北方称"扫房",南方叫"掸尘"。春节来临,家家户户都要打扫环境,清洗各种器具,拆洗被褥窗帘,洒扫六闾庭院,掸拂尘垢蛛网，疏浚明渠暗沟。大江南北，到处洋溢着欢欢喜喜搞卫生、干干净净迎新春的气氛。

"腊月二十四，掸尘扫房子"的风俗由来已久。据《吕氏春秋》记载，我国在尧舜时代就有春节扫尘的风俗。按民间的说法：因"尘"与"陈"谐音，新春扫尘有"除陈布新"的含义，其用意

◎ 扫尘图

是要把一切"穷运""晦气"统统扫出门。这一习俗寄托着人们破旧立新的愿望和辞旧迎新的祈求。

有趣的是，古时有关扫尘的由来，却有一个颇为有趣的传说。古人认为人的身上都附有一个三尸神，像影子一样跟随着人的行踪，形影不离。"三尸神"在道教称为在人体内作祟的"神"。据《太上三尸中经》说：每逢庚申那天，他们便上天去向天帝陈说人的罪恶；但只要人们在这天晚上通宵不眠，便可避免，叫做"守庚申"。

三尸神是个喜欢阿谀奉承、爱搬弄是非的家伙，他经常在玉帝面前造谣生事，把人间描述得丑陋不堪。久而久之，在玉皇大帝的印象中，人间简直是个充满罪恶的肮脏世界。一次，三尸神密报，人间在诅咒天帝，想谋反天庭。玉皇大帝大怒，降旨迅速察明人间犯乱之事，凡怨怼诸神、亵渎神灵的人家，将其罪行书于屋檐下。再让蜘蛛张网遮掩以作记号。玉皇大帝又命王灵官于除夕之夜下界，凡遇作有记号的人家，满门斩杀，一个不留。

三尸神见此计即将得逞，乘隙飞下凡界，不管青红皂白，恶狠狠地在每户人家的屋檐墙角作上记号，好让王灵

官来个斩尽杀绝。正当三尸神在作恶时,灶君发觉了他的行踪,大惊失色,急忙找来各家灶王爷商量对策。思来想去,终于想出了一个好办法,广告周知各家各户于腊月二十三送灶之日起,到除夕接灶前,必须把房屋打扫得干干净净,哪户不清洁,灶王爷就拒不进宅。大家遵照灶王爷升天前的嘱咐,清扫尘土,掸去蛛网,擦净门窗,把自家的宅院打扫得焕然一新。

等到王灵官除夕奉旨下界查看时,发现家家户户窗明几净,灯火辉煌,人们团聚欢乐,人间美好无比。

王灵官找不到表明劣迹的记号,心中十分奇怪,便赶回天上,将人间祥和安乐、祈求新年如意的情况禀告玉皇大帝。玉皇大帝听后大为震动,降旨拘押三尸神,下令掌嘴三百,永拘天牢。

这次人间劫难多亏灶神搭救才得幸免。为了感激灶王爷为人们除难消灾、赐福张祥,所以民间扫尘总在送灶后开始,直忙到大年夜。

贴春联和门神

春联,起源于桃符。桃符,是指周代悬挂在大门两旁的长方形桃木板。据《后汉书·礼仪志》说,桃符长六寸,宽三寸,桃木板上书"神荼""郁垒"二神。"正月一日,造桃符著户,名仙木,百鬼所畏。"所以,清代《燕京时岁记》上说:"春联者,即桃符也。"

五代时,西蜀的宫廷里,有人在桃符上提写联语。据《宋史·蜀世家》说:"后蜀主孟昶令学士章逊题桃木板,以其非工,自命笔题云:'新年纳余庆,嘉节号长春'。",这便是我国的第一副春联。直到宋代,春联仍称桃符,只是桃符由桃木板改为纸张,叫"春贴纸"。

明代，桃符才改称"春联"。明代陈云瞻《簪云楼杂话》中载："春联之设，自明太祖始。帝都金陵，除夕前忽传旨：公卿士庶家门口须加春联一幅，帝微行时出现。"朱元璋不仅亲自微服出城，观赏笑乐，他还亲自题春联。他经过一户人家，见门上不曾贴春联，便去询

◎ 贴春联图

问，知道这是一家阉猪的，还未请人代写。朱元璋就特地为那阉猪人写了"双手劈开生死路，一刀割断是非根"的春联。联意贴切、幽默。经明太祖这一提倡，此后春联便沿袭成为习俗，一直流传至今。

每当大年三十（或二十九），家家户户都纷纷上街购买春联，有雅兴者自己也铺纸泼墨挥春，将宅子里里外外的门户装点一新。

除了贴对联，便是贴门神。门神，传说是能捉鬼的神荼郁垒。东汉应劭的《风俗通》中引《黄帝书》说：上古的时候，有神荼、郁垒俩兄弟，他们住在度朔山上。山上有一棵桃树，树荫如盖。每天早上，他们便在这树下检阅百鬼。如果有恶鬼为害人间，便将其绑了喂老虎。后来，人们便用两块桃木板画上神荼、郁垒的画像，挂在门的两边用来驱鬼避邪。南朝·梁·宗懔《荆楚岁时记》中记载：正月一日，"造桃板着户，谓之仙木，绘二神贴户左右，左神荼，右郁垒，俗谓门神。"

然而，真正史书记载的门神，却不是神荼、郁垒，而是古代的一个勇士，叫做成庆。在班固的《汉书·广川王传》中记载：广川王（去疾）的殿门上曾画有古勇士成庆的画

◎ 门神图

像，短衣大裤长剑。到了唐代，门神的位置便被秦叔宝和尉迟敬德所取代。

《西游记》中叙述就更加详细：泾河龙王为了和一个算卜先生打赌，结果犯了天条，罪该问斩。玉帝任命魏征为监斩官。泾河龙王为求活命，向唐太宗求情。太宗答应了，到了斩龙的那个时辰，便宣召魏征与之对奕。没想到魏征下着下着，打了一个盹儿，就魂灵升天，将龙王斩了。龙王抱怨太宗言而无信，日夜在宫外呼号讨命。太宗告知群臣，大将秦叔宝道："愿同尉迟敬德戎装立门外以待。"太宗应允。那一夜果然无事。太宗因不忍二将辛苦，遂命巧手丹青，画二将真容，贴于门上。后代人相沿下来，于是，这两员大将便成为千家万户的守门神了。

在今天潮汕一些旧式门楼的两扇大门上，我们还可以见到神荼、郁垒或者两员雄赳赳的战将，形象似乎一样，但是仔细观察，其中一位手执钢鞭，另一位手执铁锏。执鞭者是尉迟敬德，执锏者是秦琼。

贴年画

过年，人们除了贴春联、贴门神外，还喜爱在客厅里、卧室中挂贴年画。一张张新年画给家家户户平添了欢乐的节日气氛。

年画是我国的一种古老的民间艺术，反映了人民大众的风俗和信仰，寄托着人们对未来的希望。

年画，也和春联一样，起源于"门神"。春联由神荼、郁垒的名字而向文字发展,而年画依然沿着绘画方向发展。随着木板印刷术的兴起,年画的内容已不仅限于门神之类,而渐渐把财神请到家里,进而在一些年画作坊中产生了如《福禄寿三星图》《天官赐福》《五谷丰登》《六畜兴旺》《迎春接福》等彩色年画,以满足人们喜庆祈年的美好愿望。

全国有年画的三个重要产地:苏州桃花坞,天津杨柳青和山东潍坊,形成了我国年画的三大流派。

我国收藏最早的年画是南宋《随朝窈窕呈倾国之芳容》木刻年画,画的是王昭君、赵飞燕、班姬和绿珠四位古代美人。不过我国民间流传最广的却是一幅《老鼠娶亲》的年画。这画

◎木板画老鼠娶亲图

描绘了老鼠依照人间的风俗迎娶新娘的有趣场面。其画构图生动活泼,热闹非凡。此画曾给鲁迅先生留下不可磨灭的印象。正如他说的那样,这幅寓教于乐的《老鼠娶亲》,不但唤起成年人的兴趣,对儿童的艺术感染力更为强烈。

民间流传新年除夕之夜是老鼠娶亲的吉日良辰,人们要放一些食物在床下、灶间,算是送给鼠新郎的礼物,以祈求来年五谷丰登。有些老奶奶在临睡前常逗孩子说:"快把鞋藏好,别让老鼠偷走当花轿了。"此话即源于此。因此,年画《老鼠娶亲》特别能引起孩子们的共鸣。

贴福字

每逢新春佳节,家家户户都要在屋门、墙壁、门楣上贴上大大小小的"福"字。春节贴"福"字,也是我国民间由来已久的风俗。据《梦梁录》记载:"岁旦在迩,席铺百货,画

◎ 倒福图

门神桃符,迎春牌儿……""士庶家不论大小,俱洒扫门间,去尘秽,净庭户,换门神,挂钟旭,钉桃符,贴春牌,祭把祖宗。"文中的"贴春牌"即是写在红纸上的"福"字。

"福"字现在的解释是"幸福",而在过去则指"福气""福运"。春节贴"福"字,无论是现在还是过去,都寄托了人们对幸福生活的向往,也是对美好未来的祝愿。民间为了更充分地体现这种向往和祝愿,干脆将"福"字倒过来贴,表"幸福已到""福气已到"。"福"字倒贴在民间还有一则传说。明太祖朱元璋当年用"福"字作暗记准备杀人。好心的马皇后为消除这场灾祸,令全城大小人家必须在天明之前在自家门上贴上一个"福"字。马皇后的旨意自然没人敢违抗,于是家家门上都贴了"福"字。其中有户人家不识字,竟把"福"字贴倒了。

第二天,皇帝派人上街查看,发现家家都贴了"福"字,还有一家把"福"字贴倒了。皇帝听了禀报大怒,立即命令御林军把那家满门抄斩。马皇后一看事情不好,忙对朱元璋说:"那家人知道您今日来访,故意把福字贴倒了,这不是'福到'的意思吗?"皇帝一听有道理,便下令放人,一场大祸终于消除

◎ 过年贴福图

了。从此人们便将福字倒贴起来,一求吉利,二为纪念马皇后。

民间还有将"福"字精描细做成各种图案的,图案有寿星、寿桃、鲤鱼跳龙门、五谷丰登、龙凤呈祥等。过去民间有"腊月二十四,家家写大字"的说法,"福"字以前多为手写,现在市场、商店中均有出售。

除夕夜

除夕是指每年农历腊月的最后一天的晚上,它与春节(正月初一)首尾相连。"除夕"中的"除"字是"去;易;交替"的意思,除夕的意思是"月穷岁尽",人们都要除旧部新,有旧岁至此而除,来年另换新岁的意思,是农历全年最后的一个晚上。故此期间的活动都围绕着除旧部新,消灾祈福为中心。

周、秦时期每年将尽的时候,皇宫里要举行"大傩"的仪式,击鼓驱逐疫疠之鬼,称为"逐除",后又称除夕的前一天为小除,即小年夜;除夕为大除,即大年夜。

除夕是一年中最使人留恋的一晚。除夕之夜最为热闹喧嚣,天一抹黑,孩

◎ 过年放鞭炮图

子们或者半大小伙子早已拿着香火,东一声、西一响地放起鞭炮来了。胆大的放大炮仗,年幼的一只手捂着耳朵,远远地探着点身子,其他小孩两手捂着耳朵,紧张而又焦急地等待着……此情此景,即使人到白头也都还能记得。

除夕的主要活动有三项:吃团圆饭(年夜饭),祭祀,守

岁吃饺子。

　　吃年夜饭是春节家家户户最热闹愉快的时候。大年夜,丰盛的年菜摆满一桌,阖家团聚,围坐桌旁,共吃团圆饭,心头的充实感真是难以言喻。人们既是在享受满桌的佳肴盛馔,也是在享受那份快乐的气氛。桌上有大菜、冷盆、热炒、点心,一般少不了两样东西,一是火锅、一是鱼。火锅沸煮,热气腾腾,温馨撩人,说明红红火火。另外,因为"鱼"和"余"谐音,是象征"吉庆有余",也喻示"年年有余"。还有萝卜俗称菜头,祝愿有好彩头;龙虾、爆鱼等煎炸食物,预祝家运兴旺如"烈火烹油"。最后多为一道甜食,祝福往后的日子甜甜蜜蜜,这天,即使不会喝酒的,也多少喝一点。

　　古代,过年喝酒,非常注意酒的品质,有些酒现在已经没有了,只留下许多动人的酒名,如"葡萄醅""兰尾酒""宜春酒""梅花酒""桃花酒""屠苏酒"等。

◎ 过年吃"团圆饭"图

　　年夜饭的名堂很多,南北各地不同,有饺子、馄饨、长面、元宵等,而且各有讲究。北方人过年习惯吃饺子,是取新旧交替"更岁交子"的意思。又因为白面饺子形状像银元宝,一盆盆端上桌象征着"新年大发财,元宝滚进来"之意。有的包饺子时,还把几枚沸水消毒后的硬币包进去,说是谁先吃着了,就能多挣钱。

　　吃饺子的习俗是从汉朝传下来的。相传,医圣张仲景在寒冬腊月,看到穷人的耳朵被冻烂了,便制作了一种"祛寒娇耳汤"给穷人治冻伤。他用羊肉、辣椒和一些祛寒温热的药材,用面皮包成耳朵样子"娇耳",下锅煮熟,分给穷人吃,人们吃后,觉得浑身变暖,两耳发热。以后,人们仿效着做,一直流传到今天。

新年吃馄饨,是取其开初之意。传说世界生成以前是混沌状态,盘古开天辟地,才有了宇宙四方,长面,也叫长寿面。新年吃面,是预祝寿长百年。

过年还要祭神,祭的是什么神呢？相传是"年夜菩萨"。这年夜菩萨是含糊的说法,不是特指哪一位。也有说祭的就是土地菩萨,但一般的"请土地"好像还要简单一些。

旧时过年供的是一排"马张"。"马张"是长方形的印有神像的红纸,长约一尺余,中间插一根稻草以防弯曲。十几条"马张"排在一起,用木制的"马张架子"夹住,可能算是诸神的代表。据说诸神吃得高兴,酒喝多了,马张会变湿。也有人家不用"马张",用的是一块神牌,上写"祭神如神在"五字,那用的是"论语"笔法,更是含糊其词了。

"过年"祭神的供品为一大块肋条熟肉、一只熟公鸡(屁股上还需插几根鸡尾巴毛)、一条生鱼、二蒸年糕。这是四大件,还有就是几个碟子,放点千张、豆腐干、苹果、橘子、糕饼,还有盐、糖。大户人家供品当然还要丰富得多。

然后,家人依次跪拜。以后上一次香,跪拜一次。上过三次香,酒过三巡,便可送神了。到门外燃放鞭炮,把金元宝和点剩的香都烧了,还可送点"经",就是一张小黄纸,当然这小黄纸是经过处理的。燃点这些就是送神,最后吹灭蜡烛。祭神仪式结束。

接下来便是祭祀祖先,俗称"祝飨"。一般要分两桌或三桌分次进行。不管祭神还是祭祖,都是请客吃饭,除了酒肉招待,最后都还要送个"红包"。祭祀是雅称,民间的俗称只一个字:"请"。

祭神是请菩萨请土地,祝飨是请祖先。祝飨一般不要大块肉,整只鸡,只要炒六个菜就可以了。祝飨桌子两旁

◎ 过年包饺子图

置放的酒盅数目,每户人家并不相同。数目决定请客的人数多少,那大都是由上辈的老人交代下来的。总的来说,祝飨较之请菩萨可以随便一点,但供的饭仍需用"原生饭",即开锅后首次盛起来的饭。

封建时代,上供品、放祭具等还不许不干净的妇女触碰,例如未满月的产妇,甚至嫁过两个丈夫女人。祥林嫂的最后精神崩溃就在于鲁四老爷家祭祖时她去拿酒杯,被四婶"你放着吧!"一声喝住。一个小细节就显出旧礼教隐含着的精神杀人的凶恶。

春节拜年和送礼

拜年是中国民间的传统习俗,是人们辞旧迎新、相互表达美好祝愿的一种方式。我们通常知道的是正月初一家长带领小辈出门谒见亲戚、朋友、尊长,以吉祥语向对方祝颂新年,卑幼者必须叩头致礼,谓之"拜年"。主人家则以点心、糖食、红包(压岁钱)热情款待之。

◎ 民国时的拜年图

至于送礼,《后汉书·梁冀传》就记载"客到门不得通,皆请谢门者,门者累千金。"的盛况。可见,古代送礼之风早已盛行。周晖的《金陵琐事》有段文字详细记载了明朝万历时期送礼场面之壮观:周晖除夕前一天出外访客时,走到南京桥内,只见中城兵马司衙门前聚集了一支浩浩荡荡的队伍,每人手捧食盒,竟使道路堵塞。原来这些人都是来送礼的。明朝的中城兵马司,只是负责管理城区安全和卫生的官员,级别不算高,也有这么多人送礼,官大的就更不用说了。

◎ 过年送礼图

大宗送礼是元旦之前就要办完的事情,下属给上司送,地方官给京官送,同僚互送,同年、同乡互相送。有实权的大官小官,自然盆满钵满,但剩下穷京官,也得捞点余沥,所谓冰敬、炭敬,过年时候,来就是炭敬。

因此,过年对于中国人来说,大抵要忙活两个月,年前一个月忙着送,年后一个月忙着吃和送。

别人都可以歇着,唯独商家歇不得。铺子里伙计,大抵只能在年三十夜里歇一下,大伙一起吃顿年夜饭,头顿饺子还不能煮好,非得把所有饺子煮得开了包,俗称"挣了"才行,图个口彩。年前人们忙送礼,商家忙出货。古代人没有今人那么精明,预备礼品也无非是合理搭配,看上去顺眼,过去有种点心匣子,里面各种点心都有点,年节老百姓拎着到处送,有时候,一个匣子转了一圈,又回来了。官员送礼不会这样寒酸,即使送物品,大抵为稀奇珍宝,比如鹿脯、飞龙什么。一般是直接送银子,清代已经有钱庄了,一张银票就够了。

闹元宵

正月是农历的元月,古人称夜为"宵",而十五日又是一年中第一个月圆之夜,所以称正月十五为元宵节,又称为小正月、元夕或灯节,是春节之后的第一个重要节日。

元宵赏灯始于东汉明帝时期,明帝提倡佛教,听说佛教有正月十五僧人观佛舍利、点灯敬佛的做法,就命令这一天夜晚在皇宫和寺庙里点灯敬佛,令士族庶民都挂灯。以后这种佛教礼仪节日逐渐形成民间盛大的节日。该节经历了由宫廷到民间,由中原到全国的发展过程。

元宵节的节俗活动讲究一个"闹"字,首先就是花灯,与春节相接,白昼为市,热闹非凡,夜间燃灯,蔚为壮观。特别是那精巧、多彩的灯火,更使其成为春节期间娱乐活动的高潮。至清代,又增加了舞龙、舞狮、跑旱船、踩高跷、扭秧歌等"百戏"内容。

灯笼与神有关,所以也赋予很多象征意义。

"放天灯",天灯又称为孔明灯,也被公认为热气球的始祖。来由是过去人们在躲避盗匪侵袭而四散逃逸之后,以燃放天灯为互报平安的信号。由于避难回家的日子正是元宵节,从此以后,每年这一天,人们便以放天灯的仪式来庆祝,所以又称天灯为"祈福灯"或"平安灯",其后逐渐演变为向上天祈福许愿的民俗活动。天灯上写满了心里的各种祈愿,希望天灯能上达天庭,带给人无限的希望和光明。

元宵节花灯种类甚多,或是仿照事物的形象编制的形象灯,如龙灯、虎灯、兔灯等,或是根据民间故事编制而成的活动灯,如牛郎织女、二十四孝等,表现忠孝节义的民族精神。各种花灯制作工巧，一展工匠的智慧和技能。

随着时代的发展，元宵灯节办得越来越盛大，灯节的时间也越来越长。唐代的灯会是上元前后各一日，三天；宋代又在十六之后加了两日，为五天；明代则延长到由初八到十八，整整十天。

因为灯期不同，所以最初张灯的那天叫"试灯"，十五这天叫"正灯"，最末一天叫"残灯""阑灯"，也有叫

◎ 元宵节看花灯图

"神灯""人灯""鬼灯"之说。十四日夜为"神灯"，放于家中神位、宗祠前，以祭神明先祖；十五日夜叫"人灯"，放在门窗、床第、几案等处，用来避除蝎虫；十六日夜为"鬼灯"，放在丘墓、原野，为了游魂得到可以脱离鬼域。

"一曲笙歌春如海，千门灯火夜似昼"。历代文人墨客赞美元宵花灯的诗句数不胜数，如今读来仍趣味无穷。

值得称道的，还应首推唐代诗人崔液的《上元夜》："玉漏铜壶且莫催，铁关金锁彻明开；谁家见月能闲坐，何处闻灯不看来。"这里虽没有正面描写元宵盛况，却蕴涵着十分欢乐愉悦、热烈熙攘的场景。

宋代的元宵夜更是盛况空前，灯市更为壮观。苏东坡有诗云："灯火家家有，笙歌处处楼。"范成大也有诗写道："吴台今古繁华地，偏爱元宵影灯戏。"诗中的"影灯"即是"走马灯"。大词人辛弃疾曾有一阙千古传诵的颂元宵盛况之词："东风夜放花千树，更吹落，花如雨。宝马雕车香

满路。凤箫声动,玉壶光转,一夜鱼龙舞。"

明代唐伯虎曾赋诗盛赞元宵节,把人们带进迷人的元宵之夜。诗曰:"有灯无月不误人,有月无灯不算春。春到人间人似玉,灯烧月下月似银。满街珠翠游春女,沸地笙歌赛社神。不展芳樽开口笑,如何消得此良辰。"

清代诗人姚元之写的《咏元宵节》诗:"花间蜂蝶趁喜狂,宝马香车夜正长。十二楼前灯似火,四平街外月如霜。"更是生动、精彩别致。

充满诗情和浪漫色彩的元宵节往往与爱情连在一起。历代诗词中,就有不少诗篇借元宵抒发爱慕之情。北宋欧阳修词:"今年元夜时,月与灯依旧;不见去年人,泪满春衫袖。"抒写了对情人的思念之苦。

元宵节是一个浪漫的节日,元宵灯会在封建的传统社会中给未婚男女相识提供了一个机会,社会的年轻女孩不允许出外自由活动,但过节却可以结伴出来游玩,赏花灯正好是一个交谊的机会,男女借着赏花灯顺便为自己物色对象。元宵灯节期间,是男女青年与情人相会的时机,所以说元宵节也是中国的"情人节"。

古往今来,不仅有大量脍炙人口的元宵咏灯诗,而且也留下了无数情趣盎然的元宵吟灯联。

南宋末年,南宋有个叫贾似道的人镇守淮阴(今扬州)时,有一年上元灯节张灯,门客中有人摘唐诗诗句作门灯联"天下三分明月夜,扬州十里小红楼。"据说,此联为我国最早的灯联。此后历代都有人争相效仿,在大门或显眼的柱子镶挂壁灯联、门灯联,不仅为元宵佳节增添了节日情趣,也为赏灯的人们增加了欣赏的内容。

被称为"父子双学士,老小二宰相"的清代安徽桐城人张英、张廷玉,皆能诗善对。有一年元宵佳节,张府照例张灯挂彩,燃放鞭炮。老宰相出联试子"高烧红烛映长天,亮，光铺满地。"小廷玉思索时听到门外一声花炮响，顿时领悟，对曰"低点花炮震大地，响，气吐冲天。"对仗工整，天衣无缝，堪称妙对。

最为人津津乐道的恐怕是北宋王安石妙联为媒的故事了。王安石二十岁时赴京赶考，元宵节路过某地，边走边赏灯，见一大户人家高悬走马灯，灯下悬一上联，征对招亲。联曰"走马灯，灯走马，灯熄马停步。"王安石见了，一时对答

◎ 猜灯谜图

不出，便默记心中。到了京城，主考官以随风飘动的飞虎旗出对"飞虎旗，旗飞虎，旗卷虎藏身。"王安石即以招亲联应对出，被取为进士。归乡路过那户人家，闻知指亲联仍无人对出，便以主考官的出联回对，被招为快婿。一副巧合对联，竟成就了王安石两大喜事。

灯谜在春秋时代就有，那时叫"隐语"，到汉魏时才开始称为"谜"，南宋时有人将谜语写在灯上，在上元节让人猜灯谜。南宋后，赏花灯、猜灯谜让元宵节的气氛热闹而温馨。由于灯谜都难以猜中，如同老虎难以被射中一样，所以也称为"灯虎"（也叫文虎）。传统灯谜的制作讲求一定的格式，需运用巧思才可以制出十分高妙的灯谜，是中国独创的文学艺术。

传说有一年元宵节，乾隆皇帝带着一群文武大臣，兴致勃勃前去观看灯会。左看各种灯笼五颜六色，美不胜收；右瞧各种灯笼别致风趣，耐人寻味，一时兴起，乾隆皇帝让陪他的大臣们也出谜联，让大家猜一猜。大学士纪晓岚稍思片刻，就挥笔在宫灯上写了一副对联：

"黑不是,白不是,红黄更不是。和狐狼猫狗仿佛,既非家畜,又非野兽。

诗不是,词不是,《论语》也不是。对东西南北模糊,虽为短品,也是妙文。"

乾隆皇帝看了冥思苦想,文武大臣一个个抓耳挠腮,怎么也猜不出来,最后还是纪晓岚自己揭了谜底:猜谜。

◎ 耍龙灯图

耍龙灯,也称舞龙灯或龙舞。它的起源可以追溯上古时代。传说,早在黄帝时期,在一种《清角》的大型歌舞中,就出现过由人扮演的龙头鸟身的形象,其后又编排了六条蛟龙互相穿插的舞蹈场面。见于文字记载的龙舞,是汉代张衡的《西京赋》,作者在百戏的铺叙中对龙舞作了生动的描绘。而据《隋书·音乐志》记载,隋炀帝时,类似百戏中龙舞表演的《黄龙变》也非常精彩,龙舞流行于中国很多地方。中华民族崇尚龙,把龙作为吉祥的象征。

◎ 踩高跷图

踩高跷是民间盛行的一种群众性技艺表演。高跷本属中国古代百戏之一种,早在春秋时已经出现。中国最早介绍高跷的是《列子·说符》:"宋有兰子者,以技干宋元。宋元召而使见其技。"

舞狮子是中国优秀的民间艺术,每逢元宵佳节或集会庆典,民间都以狮舞助兴。这一习俗起源于三国时期,南北朝时开始流行，至今已有一千多年的历史。

舞狮子始于魏晋，盛于唐，又称"狮子舞""太平乐"，一般由三人完成，二人装扮成狮子，一人充当狮头，一人充当狮身和后脚；第三人当引狮人。舞法上又有文武之分，文舞表现狮子的温驯，有抖毛、打滚等动作，武狮表现狮子的凶猛，有腾跃、蹬高、滚彩球等动作。

划旱船，民间传说是为了纪念治水有功的大禹。划旱船也称跑旱船，就是在陆地上模仿船行动作，表演跑旱船的大多是姑娘。旱船不是真船，多用两片薄板，锯成船形，以竹木扎成，再蒙以彩布，套系在姑娘的腰间，如同坐于船中一样，手里拿着桨，做划行的姿势，一面跑，一面唱些地方小调，边歌边舞，这就是划旱船了。有时还另有一男子扮成坐船的船客，搭档着表演，则多半扮成丑角，以各种滑稽的动作来逗观众欢乐。划旱船流行于中国很多地区。

"元宵"作为食品，在中国也由来已久。宋代，民间即流行一种元宵节吃的新奇食品。这种食品，最早叫"浮元子"，后称"元宵"，生意人还美其名曰"元宝"。古时"元宵"价格比较贵，有一首诗说："贵客钩帘看御街，

◎ 舞狮图

◎ 吃元宵图

市中珍品一时来。帘前花架无路行，不得金钱不得回。"

元宵是以白糖、玫瑰、芝麻、豆沙、黄桂、核桃仁、果仁、枣泥等为馅，用糯米粉包成圆形，风味各异。元宵可汤煮、油炸、蒸食，有团圆美满之意。陕西的汤圆不是包的，而是在糯米粉中"滚"成的，或煮或油炸，热热火火，团团圆圆。

逐鼠，这项活动主要是对养蚕人家所说的。因为老鼠常在夜里把蚕大片大片地吃掉，人们听说正月十五用米粥喂老鼠，它就可以不吃蚕了。于是，这些人家在正月十五熬上一大锅黏糊糊的粥，有的还在上面盖上一层肉，将粥用碗盛好，放到老鼠出没的顶棚、墙角、边放嘴里边念念有词，诅咒老鼠再吃蚕宝宝就不得好死。

◎ 送孩儿灯图

送孩儿灯，简称"送灯"，也称"送花灯"等，即在元宵节前，娘家送花灯给新嫁女儿家，或一般亲友送给新婚不育之家，以求添丁吉兆，因为"灯"与"丁"谐音。这一习俗许多地方都有，古时一般是正月初八到十五期间送灯，头年送大宫灯一对、有彩画的玻璃灯一对，希望女儿婚后吉星高照、早生麟子；如女儿怀孕，则除大宫灯外，还要送一两对小灯笼，祝愿女儿孕期平安。

紫姑也叫戚姑，北方多称厕姑、坑三姑。古代民间习俗正月十五要迎厕神紫姑而祭,占卜蚕桑,并占众事。传说紫姑本为人家小妾,为大妇所妒,正月十五被害死厕间,成为厕神。每到迎紫姑这一天夜晚,人们用稻草、布头等扎成真人大小的紫姑肖像,与夜间在厕所间猪栏迎而祀之。此俗流行于南北各地,早在南北朝时期就见于记载。

"走百病",也叫游百病,散百病,烤百病,走桥等,是一种消灾祈健康的活动。元宵节夜妇女相约出游,结伴而行,见桥必过,认为这样能祛病延年。

走百病是明清以来北方的风俗,有的在十五日,但多在十六日进行。这天妇女们穿着节日盛装,成群结队走出家门,走桥渡危,登城,摸钉求子,直到夜半,始归。

◎ 迎紫姑图

◎ 走百病图

关于元宵节还有许多美好的传说。其中有一个传说把元宵与袁世凯联系了起来，说窃国大盗袁世凯篡夺了辛亥革命成果后，一心想复辟登基当皇帝，又怕人民反对，终日提心吊胆。一天，他听到街上卖元宵的人拉长了嗓子在喊："元——宵。"觉得"元宵"两字谐音"袁消"，有袁世凯被消灭之嫌，联想到自己的命运，于是在1913年元宵节前，下令禁止称"元宵"，只能称"汤圆"或"粉果"。然而，"元宵"两字并没有因他的意志而取消，老百姓不买他的账，照样在民间流传。

第四节 餐桌上的讲究
——礼尚规矩

早在战国时代就有"食不语，寝不言"的说法。更早的《礼记》记述了孔子的话："夫礼之初，始于饮食"（饮食礼仪是一切礼仪制度的基础），直白地说就是"讲文明、有礼貌，从吃饭做起"。

古人一日两餐，早餐曰"朝食""饔"，上午九点左右；晚餐曰"哺食""飧"，下午四点左右。故古人吃不上饭，常会说"饔飧不继"；而饔飧连称，又可指一天的饮食。如《孟子·滕文公上》："贤者与民并耕而食，饔飧而治。"

古代宴会上常会有酒，这是因为酒能成礼，即酒可以作为某些礼仪的文化载体。元代以前的酒主要是黄酒，而不是烧酒。李时珍《本草纲目》云："烧酒非古法也，自元时始创。其法用浓酒和糟入甑,令气上,用器承取滴露。……其清如水,味极浓烈,盖酒露也。"所以,无论孔夫子"唯酒无量,不及乱"(《论语·乡党》)的酒,还是刘邦回乡"置酒高歌"的酒,抑或苏轼"把酒问青天"的酒,都是黄酒。

◎ 汉代的筵席图

古人饮酒是有节制的,正如诸葛亮在《又诫子书》中所说:"夫酒之设,合礼致情,适体归性,礼终而退,此和之至也。主意未殚,宾有余倦,可以至醉,无致迷乱。"可见,古人宴会上饮酒主要是为了"合礼致情"。

古人席地而坐,最初食器放在席上,故曰"赴席"。现在所说的宴席或酒席,其实古代称"筵席",古人席地而坐,筵和席都是宴饮时铺在地上的坐具。筵长、席短。《礼记·乐记》《史记·乐书》记述了古代"铺筵席,陈尊俎"的设筵情况。

◎ 唐代的聚餐图

筵席发展到后来就有了"案",即一种托盘样的小桌,食器放在案上,再摆到席上,故有"举案齐眉"的佳话(汉梁鸿妻孟光)。汉代以后胡床传入中国,国人才逐渐不席地而坐。胡床又称交椅,即马扎。南宋以后,交椅底下固定,后有靠背,两边有扶手,才渐渐演变为太师椅。汉代以前

◎ 宋人聚餐图

中国人是分餐制,有了胡床、圆桌后才出现了聚餐。

🐚 饭前礼

古代没有我们今天这样的板凳,高脚板凳的使用大概要到南北朝时期,还是从北方的少数民族那里传过来的。古人席地而跪坐,如今日本、韩国尚有这种遗风。所谓的跪坐,是指双腿跪地,臀部坐于脚跟。挺身时动作叫做跽。鸿门宴中,樊哙冲进宴会的时候,项羽立刻跽坐,是带有防卫的意思。

因为要布席而坐,所以要脱鞋,以免弄脏了席子,但例外的是行祭礼和宴饮,此种场合不宜脱鞋。平时聊天闲居的时候,无论在堂上还是在室中,都得脱履,连君主也不例外。如果是在室内活动。那么要在门外脱鞋,只有身份尊贵的人可以在门内脱鞋;如果是在堂上活动,那么就应该在阶下脱鞋,也只有尊者可以在堂上脱鞋。

古人认为,饭前洗手是对主人和客人的尊重,是必须要做的。按照礼书的记载,古代洗手方式有两种,其一为在堂的东阶前东南处,那里放着盛水的器皿,叫做罍,罍里面放着一个勺,叫做枓,是用来舀水的。另外,旁边还有一个器皿,

◎ 罍

叫做洗,是用来接洗手之水的,简单地说就是用枓舀水淋洗,而不是像今天把手直接放在盆里。这种方式是一个人自行解决的。

还有一种方式,程序与此相同,只是舀水是别人来

◎匜

帮助你,这个时候所用器皿的名称也变了,盛水的叫做匜,下边接水的叫做盘,没有枓之类的东西,侍者直接担着匜淋洗就行了。如此看来,当时人们还是相当讲究卫生的。

🍃 饭中的礼

在用饭过程中,也有一套繁文缛礼。

在开饭之前入座时,晚辈要坐得比尊者长者靠后一些,以示对长辈的谦恭。进食时要尽量坐得靠前一些,身体往前倾,靠近摆放食品的食案,以免不慎掉落的食物弄脏了座席。另外,这样做也方便取食。

吃的东西端上来的时候,客人要起立,一是表示对主人的尊敬,二是也方便看清楚上的什么菜。主人让食要热情取用,不吃就是对主人的不礼貌,这个时候脸上最好带上亲切自然的微笑,同时道谢,以示对主人热情款待的感谢。

如果客人的地位低于主人,客人必须双手端着食物向主人致谢,等主人寒暄之后再坐下。同时要注意应该等主人先落座之后客人才能落座。

吃饭之前主人要引导客人祭祈,食祭于案,酒祭于地,先吃什么就先用什么行祭,按进食的顺序遍祭。

所谓"三饭",指一般的客人吃三小碗饭后便说饱了,须主人劝让才开始吃肉。宴饮将近结束,主人不能先吃完

而撤下客人,要等客人食毕才停止进食。"客不虚口",虚口指以酒浆荡口,使清洁安食。如果主人进食未毕而客自虚口,便是不恭。

宴饮完毕,客人自己须跪立在食案前,整理好自己所用的餐具及剩下的食物,交给主人的仆从。待主人说不必客人亲自动手,客人才住手,复又坐下。

在用饭的过程中,还规定了如下礼仪:

"共食不饱":即同别人一起进食,不能吃得过饱,要注意谦让,另外吃得太饱对身体也不好。

"共饭不择手",指同器食饭时,不可用手。食饭本来一般也是用匙,用手既不卫生也不文明。

"毋抟饭":吃饭时不可抟饭成大团,大口大口地吃,这样有争饱之嫌,而且吃相不雅观。

"毋放饭":要入口的饭,不能再放回饭器中,别人会感到不卫生。

"毋流歠":不要长饮大嚼,让人觉得你是怕别人抢菜,想快吃多吃,好像家里穷从来没吃过这些东西似的。

"毋咤食":咀嚼时不要让舌在口中作出响声,不然主人会觉得你是对他的饭食表现不满意。

"毋啮骨":不要专意去啮骨头,这样容易发出不中听令人不快的声响,而且像狗一样啮骨头给人以粗俗、没教养的不好影响。

"毋反鱼肉":自己吃过的鱼肉,不要再放回去,应当接着吃完。如果鱼是放在餐盘上,则应该先把自己动手夹过的鱼吃完,再夹另外的鱼肉。

"毋投于狗骨":客人自己不要啮骨头,也不能把骨头扔给狗去啮。自己不吃的菜也不能丢给狗吃。

"毋固获":不要老吃自己喜欢吃的那一道菜,或者和别人争着抢着去吃,有贪吃之嫌。

"毋扬饭"：不要为了能吃得快些，就用食具扬起饭粒以散去热气，万一把热气吹到主人脸上，对主人是不敬的。

"饭黍毋以箸"：吃黍饭不要用筷子，但也不是提倡直接用手抓。食饭必得用匙。筷子是专用于食羹中之菜的，不有混用。这一点和现在的习惯不大相同。

"羹之有菜者用夹，无菜者不用夹"：夹即是筷子。羹中有菜，用筷子取食。如果无菜筷子就派不上用场，直饮即可。

"毋嚽羹"：饮用肉羹，不可过快，不能出大声。有菜必须用筷子夹取，不可直接用嘴汲取。

"无絮羹"：客人不能自己动手重新调和羹味，否则不仅会给人留下自我表现的印象，显得自己更精于烹调，也是表示对主人饭菜的不满。

"毋刺齿"：进食时不要随意不加掩饰地大剔牙齿，如齿塞，一定要等到饭后再剔。

"毋歠醢"：不要直接端起调味酱便喝。醢是比较咸的，用于调味，不是直接饮用的。不然大家都以为你是傻帽。

"濡肉齿决，干肉不齿决"：湿软的烧肉炖肉，可直接用牙齿咬断，不必用手去擘；而干肉则不能直接用牙去咬断，须用刀匕帮忙。

"毋嚽炙"：大块的烤肉和烤肉串，不要一口吃下去，如此塞满口腔，不及细嚼，狼吞虎咽，仪态不佳。

"当食不叹"：吃饭的时候不要唉声叹气，打搅其他人的兴致。

"唯食忘忧"：吃饭就是吃饭，把一切烦恼忧愁统统抛开，专心食用饭菜，吃饱了才能有精力操劳其他事情。

在我国古代，对人吃饭饮食的礼节要求是十分严格的。它被看做是一个人身份、地位、品格的象征，并通过其来进行地位等级的区别。

古代宴席上的礼仪

宴会在宾礼活动中占有相当重要的地位，也是人际交往的重要手段。因此宴会也不局限于宾礼活动中，《仪礼》中就有"乡饮酒礼""燕礼""公食大夫礼"，都是指不同宴会的场合中所应遵从的礼节。其实，只要有宴会的场合都会有礼节的存在。

说到宴会，恐怕最重要的礼数要数迎送和座次了，相当繁琐，其原因大概是因为古人特别讲尊卑之别造成的。

座位的安排，在古代叫向位之仪，向指的是人和物之所向，即向东还是向西；位指人和物所在位置。显然，二者是联系在一起的，如帝王坐北朝南。

应该指出的是，尊卑之别只是向位之仪的一个方面，向位之仪还涉及人鬼、男女、吉凶等。古代的向位不是随便安排的，它的根据就是阴阳。东、南、左为阳；西、北、右为阴。人以阳为贵，神鬼以阴为上。行礼时候堂上设席，神以西为上，人以东为上。如果座席是东向或西向的话，神应该以南为贵，人则以北为贵。

站的位置也是这样，如果是东西向，北边为上；如果南北向，东边为上。吉事尚阳位，凶事尚阴位。男女同处时，男人在左，女人在右，也是用阴阳来分别的。现在算命看手相，还是男左女右，可见这种传统渊源之久。用于国政，则文事尚左，武事尚右。

就迎宾之礼来说，如果主人与客人的地位尊卑相同的话，那么他要到大门外边去迎接；如果主人身份要尊于客人的话，那么他就应该在门内迎接。

如果是君臣之间，那么他们都只需要站在房屋门口的台阶上，君主要在这里，臣子还要向台阶下降一级。

第五章 民俗礼，具情趣

古代的房屋都是建在台上的，出门就有台阶，像故宫内的房子都保留了这个习惯。其实故宫就是一个放大的标准庭院，午门就是大门，太和殿就是房屋。跟我们平常说的大门不完全相同。如果客人是不请自到，那么他到大门的时候要"请事"，然后主人才好迎接。

进门的时候也有礼节，宾客要从左边的门进，主人则从右边的门进，要让主人先进门。如果是大臣见了帝王，则应从右门进，意思是臣子不能以宾客的身份自居，因为凡宾客都是要受到尊敬的，而帝王的情况是最特殊的，"率土之滨，莫非王臣"，只有臣子尊敬主子的分儿。

进门后还有"三揖"的礼节，即曲揖、北面揖和当碑揖。《仪礼·士昏礼》中说"揖入，至于庙门，揖入，三揖，至于阶三让。"这里出现了一个庙门的词。古代正式的会见是在宗庙中的，这是庭院最尊崇的地方，供奉着祖先，凡家族最重要的活动都会在这里举行，也相当于一家之公共场所。后来演变为正屋，祠堂则另辟地方。所谓的三让是指到庙门之前的台阶时，要相互谦让三次。之后，如果尊卑相同时，则要一起上，如果尊卑有别，则尊者先。

吃饭喝酒，主人要先向宾客进酒，这叫做献；客人还敬主人之酒，这叫做酢；主人此时要先自饮，然后劝客人饮，这叫做酬。在饮礼的第一献之后，主人要送礼物给客人，以劝酒，谓之酬币，这是饮酒礼。

还有类似的食礼，在食礼的初食之后，主人也要送礼物，以劝食，叫做侑币。礼物是束帛乘马。天子举行宴会飨诸侯，有九献、七献、五献，卿大夫士行礼，有三献、一献。正献之后，众宾客按照长幼的次序相酬，这叫做旅酬。旅酬之后大家就不用再过于客套了，这叫做无算爵。与此配合的音乐叫做无算乐。吃饭用手，手抓一次叫做一饭，刚开始吃三饭，三饭之后王公会赏赐一些东西，这就是侑币。

然后吃九饭,每三饭之后要喝酒或羹汤,最终一次后要用酒或者浆漱口。

送客的礼数就没有这么繁琐了,主人送于门外,要拜两次,客人不需要答拜,离开就行了,客人离开前行时,不应该回头。

第五节 婚嫁中的典故
——礼尚姻缘

婚龄

古人是主张晚婚的,认为一定要等性功能健全和发育成熟才能结婚。《黄帝内经·素问·上古天真论》说:女子二七天癸至,即十四岁始来月经;男子二八天癸至,即十六岁才开始遗精,如果这时"阴阳和"(即性交),则可能有子。但是这时性功能并未完全发育成熟,还没有进入合适的婚龄。女子要等到三七二十一岁,始能"肾气平均,故真牙生而长极";男子要等到三八二十四岁,才能"肾气平均,筋骨劲强,故真牙生而长极"。

所谓"肾气平均",就是指性器官和性功能得到了均衡、正常的发展,性器官和性功能都比较成熟;所谓"真牙生而长极",指人的最后一颗牙齿"尽头牙"长出,也表示人的身体已完全发育成熟。这一思想对后世影响很大,许多古代书籍中都提出过这个问题,在汉代与魏晋南北朝的许多学术书籍及医书中也强调这一点。

但是,到了汉朝,这"男子三十而娶,女子二十而嫁"的理论在实践中受到了一些冲击,有些行不通了。例如《论衡·齐世篇》中说:"《礼》虽言男三十而娶,女二十而嫁,法制张设,未必举行。何以效之,以今不奉行也。"这种状况和封建社会的发展有很大关系。

在封建社会中,以一家一户为生产单位,男子早娶则家中较早地增添劳动力,对发展一家一户的生产有好处;另外,封建的宗法制度十分重视子嗣,早娶则可能早得子、"早得福"。所以,虽然有些有识之士反对这种早婚现象,但收效不大。

汉代早婚现象的兴起,王室与民间皆然。查考《汉书》《后汉书》,男子从十五岁至十八岁初婚者都有。如灵帝于建宁元年即位,年十二,结婚时年十五。桓帝是十五岁即位的,结婚那年为十六岁。

查考《汉书》《后汉书》,女子出嫁从十三岁到十九岁的都有。古人所统计的年龄,按中国旧俗为虚岁,即刚诞生就算一岁,诞生满一年即为两岁,所以实足年龄比上述的还要减去一岁。

男子相配,大多以男稍长于女为常。《汉书·外戚·孝昭上官后传》上说:"昭帝始立,年八岁,安女入为婕妤,月余,遂立为皇后,年甫六岁。"这两段是说明了男女相差两岁,是为"相配"。民间也是如此。

婚姻途径

在秦、汉、魏、晋、南北朝这一时期,由于距上古时期还不算很远,男婚女嫁还有一定的自主权,但父母之命已日益加强,夏、商、周时代那种在有的节日里"奔者不禁"之俗在汉民族中已基本绝迹了。《汉书》与《后汉书》上记载了这样几件事:《汉书·张耳传》:"外黄富人女甚美,庸奴其夫,亡邸父客。父客谓曰:'必欲求贤夫,从张耳。'女听,请决嫁之。女家厚俸给耳。"《后汉书·梁鸿传》:"同县孟氏有女,状肥丑而黑,力举石臼,择对不嫁。至年三十,父母问其故,女曰:'欲得贤如梁伯鸾者。'鸿闻而聘之。"在以上两个例子中,外黄富人之女尽管是他人建议,自己决定,但总是表明了对婚姻有一定的自主权。孟光之嫁梁鸿,不惟有眼光,而且是完全自主的。这种自主程度在宋、明以后很少见了,即使有,也会受社会打击,被斥为"放荡""不规""有悖礼法",而在汉代,还是时人异之,时人贤之的。

从秦、汉起,婚姻已逐渐由父母决定。

有时,长辈对子女亲事的看法有矛盾,但归根到底,儿女亲事还是取决于长辈。

汉高祖刘邦当初娶吕后,也有类似情况。吕后的父亲吕公看到刘邦的相貌,很敬重刘邦,说自己相人多了,没有人能及得上刘邦,要把女儿嫁给他。可是妻子吕媪发火了,她责问吕公说:"你一直说我们的女儿要嫁个贵人,沛县县令来求婚,你都不同意,怎么许给了刘邦这个小子?"吕公说:"这种事女人不懂。"结果还是将女儿嫁给了刘邦。

古代男女的婚姻有时还会由别的亲属插手干预决定,当然这种亲属要比父母更权威。例如汉朝的陈平年轻时娶不起妻,户牖有个富人叫张负的,在一次偶然的机会见到陈平,感到陈平相貌很好,气度也了不起,于是就要把孙女许给他。这个孙女命不好,嫁一个丈夫死一个丈夫,共五次。可是,张负的儿子不同意把自己的女儿嫁给陈平,说陈平穷,又不干什么正事,县里不少人看不起他,为什么要把女儿嫁给他。但是张负认为此人不会没出息,最后还是把孙女许配给了陈平。

　　如果婚姻不通过父母,或不从父母命,那么父母是十分生气的。汉朝的司马相如和卓文君的事就是如此。临邛的大富豪卓王孙有次宴请宾客,司马相如应邀出席,在席间弄琴。卓王孙新寡的女儿文君偷偷地从窗缝看司马相如,十分倾心,于是在夜里跑到司马相如处,两人私奔至司马相如的故乡成乡。司马相如家境贫穷,徒立四壁。卓王孙为此事大怒,说:"这个女儿这么没出息,我不忍心杀她,但一分钱也不能给!"人们劝他,他终不听。

　　无论是男女自行择偶,还是父母决定,选择的标准有哪些呢?男方择妇,一是看重形象,当然所谓形象不光是美。汉朝有个有名的循吏黄霸,"少为阳夏游徼,与善相人者共载出,见一妇人。相者言:'此妇人当富贵,不然,相书不可用也!'霸推问之,乃其乡里巫家女也。霸即取为妻,与之终身。"

　　二是看中女方的才。《华阳国志》卷十中说了这么一件事:"阳姬,武阳人也,生自寒微,父坐事闭狱。杨涣始为尚书郎,告归,郡县敬重之。姬为处女,乃邀道扣涣马讼父罪,言辞慷慨涕泣。涣恩告郡县,为出妻父,因奇其才,为子文方聘之。"

　　三是看中女方的门第,如《汉书·董贤传》说:"王闳妻父萧咸,前将军望之子也,久为郡守,病免为中郎将,兄弟并列。贤父恭慕之,欲与结婚姻。"还有贪慕女方家财的,如前面引述的陈平娶妻的事就是如此,陈平为什么接受张负这个守寡五次、人们都不敢娶的孙女呢?后人说是贪图岳家多财。

　　女家择婿,第一也是看男方形象,如吕公之看刘邦,张负之看陈平都是如此。

　　第二是重男方之贤与才,古人对此是十分重视的,史书所载甚多,如《汉书·张耳传》:"父客曰:'必欲求贤夫,从张耳。'"《后汉书·公孙瓒传》:"瓒为人美姿貌,大音声,言事辩慧,太守奇其才,以女妻之。"《后汉书·列女传》:"勃海鲍宣妻者,桓氏之女也,字少君。宣尝就少君父学,父奇其清苦,故以女妻之。"当然,少君之父是看中了鲍宣贫而好学,有志。

许多古人惜才、爱才,慧眼别具,识人于草莽之中,助人于穷危之际,这种赏识与帮助往往以联姻的形式出现,即便以今天的眼光来看,也没有什么不好。

古代,联姻还有一些特殊情况,如带有政治目的、为了某种政治关系而联姻。《项羽纪》说:"张良出要项伯,项伯即入见沛公,沛公奉卮酒为寿,约为婚姻。"《后汉书·刘植传》:"时真定王刘扬起兵以附王郎,众十余万。世祖遣植说扬,扬乃降。世祖因留真定纳郭后,后即扬之甥也,故以此结之。"

在秦、汉之际,指腹为婚的事也始见端倪,此风盛行于后世。如《后汉书·贾复传》:"复兆与五校战于真定,大破之,复伤创甚。光武大惊,曰:'我所以不令贾复别将者,为其轻敌也。果然失吾名将!闻其妇有孕,生女邪,我子娶之;生男邪,我女嫁之,不令其忧妻子也!'"

多妻和重婚

秦、汉及以后的封建贵族、地主和前世以至封建社会的后世一样,多妻制颇为盛行,除正妻之外,还有小妾、少妇、傍妻、小妇、妾、下妻、外妇、傅婢、御平等许多名义,而且往往不止一人。当时,如无子则买妾,在民间也是寻常事,如《意林》及《太平御览》三百八十八又三百二十六引《风俗通》说:"陈留有富室,公年九十无子,取田家女为妾。"

婚姻形式中还有一种值得注意的现象是重亲。重亲就是婚姻之家再结婚姻，即所谓"亲上加亲"。重亲可分三种：姻家恒为姻家，婚家恒为婚家，还有姻家、婚家互为的情况（指《仪礼士昏礼记》的说法，女氏称婚，婿氏称姻）。这种情况，按历史记载，多实行于王室、贵族，当然民间也有，只是未具体地记载于史。

由于亲上加亲，就结成了一个个颇为复杂的关系网，其实质是为了双方在政治上、经济上相互扶持、相互利用，进一步巩固双方的关系。从这也可以看到，在封建社会中，尤其是在统治阶级内部，婚姻很少是爱情的结合，往往是以家族利益为前提的。

另外，还有一种值得注意的现象是：周制同姓不婚，而汉朝人结婚似不避同姓。如《汉书·王诉传》："诉薨，子谭嗣。谭薨，子咸嗣。王莽妻即咸女。"由此看来，王莽和其妻是同姓。

绝婚与改嫁改娶

汉代至魏晋南北朝之际，绝婚（即离婚）与改嫁、改娶之事甚多。这种情况比较复杂，从中既可以看到封建礼法与贞节要求的萌始，看到男子以及整个宗法制度对女子的压迫，又可以看到在绝婚与改嫁改娶方面还是有一定的自由度，这显然不同于宋、元、明、清等后世。

绝婚的第一种情况是男弃其妇，这样做有许多原因：

一是无子。"不孝有三，无后为大"，这当然是一件大事。"无子弃，绝世也"，这正是七弃（或七去）之一。

二是口舌之故，即女方说"错"了什么话，闹了些家庭矛盾。例如汉朝的那个陈平，年轻时是个浪荡子，不事生产，他的嫂嫂看不过去，说了些不好听的话，如"有叔如此，不如无有"等,陈平之兄知道后,就逐其妇而弃之。

三是盗窃。七弃(或七去)之一是"盗窃弃,反义也"。其实,这种所谓"盗窃",往往不是什么大事。如《汉书·王吉传》:"吉少时学问,居长安,东家有大枣树,垂吉庭中,吉妇取枣以啖吉,吉后知之,乃去妇。"这棵枣树是邻家种的,枝果伸到王吉家来了,王吉的妻子摘了一些给王吉吃,结果王吉为之和她离了婚,这真是视婚姻为草芥,视女子为草芥。

四是女性嫉妒。七弃(或七去)之一是:"嫉妒弃,乱家也。"这样离婚当然有"充分理由"了。《后汉书·冯衍传》上说,冯衍娶北地任氏女为妻,任氏女又凶悍、又嫉忌,不许冯衍续媵妾,而且虐待冯衍前妻所生的子女冯豹、冯姜,后来冯衍把她逐出了门。关于这件事,冯衍写了一封信给任氏女的弟弟任武达,说明原委,这封信在历史上颇为有名,人们常以此来教育女儿如何事夫,如何恪守妇道。

五是女方德行差。例如《华阳国志·广汉士女赞》说,有个叫汝敦的人,兄弟住在一起,父母有些遗产,嫂子很想独占,汝敦的妻子很贤惠,劝汝敦都给他们算了,于是汝敦把田宅、奴婢都给了兄嫂,夫妻俩搬出去住了。有一次汝敦在耕地时挖出了一件金器,妻子劝他送给哥哥,夫妻就一起去了。嫂子见他们来,以为是来借钱的,不给他们好脸色看;后来知道他们来送金器,又高兴得手舞足蹈起来。这时,哥哥感悟了,逐出其妻,把家财还给弟弟。从这件事看来,这位嫂子贪心,似乎是个"小人",但这位哥哥也很差劲,弟弟与家媳让出父母遗产,他竟也全部接收,不以为愧。后来虽然感悟了,为什么马上和妻子离婚呢?自己能感悟,为什么妻子就不能感悟,为什么不帮助、教育她呢?这又是"兄弟如手足,妻子如衣服"在作怪了。

六是女方不得于父母,即没有把公婆侍候好,或是公婆对媳妇有偏见。这方面的例子很多。例如，《后汉书·鲍永传》："永事后母至孝。妻尝于母前叱狗，而永即去之。"《后汉书·列女广汉姜诗妻传》上说："诗事母至孝，妻奉顺尤谨。母好饮江水，去舍六七里，妻尝溯流而汲，后值风，不时得还。母渴，诗责而遣之。"这两件事都很不讲理，鲍永的妻子只是在婆婆面前喝骂了一条狗，就被离弃了。姜诗的妻子更冤，她本来对婆婆很孝，婆婆喜欢喝江水，她常走六七里路去汲江水，有一天刮大风，她没能及时返回，婆婆口渴了，只是为了这件事，就被离弃了，这是多么违背人情、人性的啊。

七是为了一时的政治关系而去其妻。汉朝大将班超就发生了这种事。《后汉书·班超传》说，当时有个大臣李邑初去于阗，畏敌如虎，又妒班超之功，于是上书皇帝诽谤班超，说班超拥爱妾、抱爱子、享安乐。为此班超舍弃了爱妻。

中国经济出版社 新版"雅俗文化书系"

— 古今辉映 · 雅俗共赏 —

新旧同源，一脉相承的是中国传统文化的博大精深；
雅俗共赏，孜孜以求只为天下大众汲取知识的甘露。

— 风俗文化 —

命理扑朔迷离，
俗信洋洋大观；
素手拾遗，
生肖文化随处成趣。
ISBN 978-7-5136-0086-6
定价：28.00元

人事有离合，梦境亦悲欢。
蝴蝶触动了庄子的梦，神女陪伴了楚王的梦，风雨吹破了陆游的梦，柳枝编织了临川的梦……
ISBN 978-7-5136-1917-2
定价：28.00元

死亡庄严肃穆，
却给生者提供狂欢的机会；
死亡冷酷无情，
却使生者拥有温情的追忆。
ISBN 978-7-5136-1904-2
定价：28.00元

迎来送往，
举手投足，穿着打扮，
无时不需礼仪，点滴尽是文化。
纵横上下五千年，风俗妙趣生。
ISBN 978-7-5136-2875-4
定价：28.00元

— 雅趣文化 —

汉鼎周彝，魏碑晋字；
甲骨玉贝，竹木牙角。
收藏千古历史，
品味天地造化。
ISBN 978-7-5136-0070-5
定价：28.00元

楼阁书院，
诉说华夏文明之悲喜；
陵墓神祠，
寄托今人感怀之永恒。
ISBN 978-7-5136-0069-9
定价：28.00元

从崇尚琴棋书画、金石篆刻，
到钟情花鸟虫鱼、收藏古玩，
生活处处有闲情，
人生时时需闲情。
ISBN 978-7-5136-1905-9
定价：28.00元

粉墨春秋，知戏曲流变，
今古余音绕梁；
品丝论竹，读戏曲经典，
人生天地舞台。
ISBN 978-7-5136-2876-1
定价：28.00元

丰富寓意蕴于花间,
聊寄情思。
生活花卉渗透交融,
尽显雅致。
ISBN 978-7-5136-1902-8
定价: 28.00元

沉淀岁月沧桑,越品越存味道;
挥扬时代风采,愈读愈见神韵。
数语敷衍千古大义,
只言犹存古今人生。
ISBN 978-7-5136-2187-8
定价: 28.00元

自苑囿台起,诉说中国人
三千年诗意栖居;
至写意山水园止,谱写"本
于自然、高于自然"精妙华章。
ISBN 978-7-5136-1972-1
定价: 28.00元

生活文化

菜系流派,千姿百态;
食之文化,蔚然大观。
探寻食源食意,
遍观食经食俗,品味食礼食趣。
ISBN 978-7-5136-0067-5
定价: 28.00元

神农尝百草,
开启中医浩瀚历史;
天人相应,
寓意中医深厚哲学。
ISBN 978-7-5136-0068-2
定价: 28.00元

酒,佐文人之风流,
助武将之功烈,
兴君子之意气,添佳人之颜色;
阅酒之文化,品酒之韵味。
ISBN 978-7-5136-1916-5
定价: 28.00元

黑赤青白黄,
点染生活之绚灿,
投射民族之审美,
领略文化之博大精深。
ISBN 978-7-5136-1901-1
定价: 28.00元

青楼之雅,在文学、在艺术、
在景色、在韵味;
青楼之俗,在金钱、在交易、
在欲望、在人性。
ISBN 978-7-5136-1930-1
定价: 28.00元